写给孩子的
时间管理课

张春杰◎著

应急管理出版社
·北京·

图书在版编目（CIP）数据

写给孩子的时间管理课/张春杰著．－－北京：应急管
理出版社，2022

ISBN 978 - 7 - 5020 - 9134 - 7

Ⅰ．①写… Ⅱ．①张… Ⅲ．①时间—管理—青少年读
物 Ⅳ．①C935 - 49

中国版本图书馆 CIP 数据核字（2022）第 024891 号

写给孩子的时间管理课

著　　者	张春杰	
责任编辑	高红勤	
封面设计	久品轩	

出版发行　应急管理出版社（北京市朝阳区芍药居 35 号　100029）
电　　话　010 - 84657898（总编室）　010 - 84657880（读者服务部）
网　　址　www. cciph. com. cn
印　　刷　三河市金泰源印务有限公司
经　　销　全国新华书店

开　　本　710mm×1000mm$^1/_{16}$　印张　15　字数　120 千字
版　　次　2022 年 3 月第 1 版　2022 年 3 月第 1 次印刷
社内编号　20210344　　　　　　　定价　49.80 元

Preface

学会时间管理，将会影响孩子的一生。

不善于时间管理的孩子，常常会为自己的时间不够用而苦恼。他们拼命从睡觉、吃饭、锻炼身体、娱乐休闲的时间里挤时间用于学习，为了学习把其他时间都挤到了极致。但由于对时间的利用效率非常低，所以无论他们怎么挤，学习时间依然不够用。因此，尽管耗费了很多时间，他们的学习成绩依然不理想。

善于时间管理的孩子，学习成绩一般都比较优异。他们对时间的利用效率很高，对时间的统筹安排科学、合理，所以有足够的时间让自己做到劳逸结合，学习、锻炼、娱乐都不耽误，并且也做得很好。

时间是宝贵而有限的资源。在进行时间管理的时候，我们要记住，每个人每天都只有 24 小时，但是，时间利用的效率却可以成倍地增加，提升的空间极大。会时间管理的孩子，每天都仿佛有 48 小时甚至更多的时间似的，原因是他们的时间利用效率非常高。

例如，会时间管理的孩子，用半个小时就能完成某项作业，但不会时间管理的孩子要用 2 小时才能完成该项作业。这不就相当于

前者比后者多了一个半小时吗？以此类推，这里多出几个小时，那里多出几十分钟……统计起来，善于时间管理和不善于时间管理相比，仿佛一天有 48 小时，甚至更多。

时间管理的本质是自我管理。懂得时间管理的孩子，往往也懂得自我管理。这主要体现在以下两个方面。

第一，非常珍惜时间，懂得时间的重要性。在学生时代努力学习，把每门功课都学到最好，将来做对国家和社会有用的人。如果你也要成为非常珍惜时间的孩子，请好好学习本书第一课。

第二，非常自律，很清楚时间该用到哪里，不该用到哪里，并制订计划去做。你如果认真学习了本书的第二、三、四课，也能成为非常自律、善于时间管理的孩子。

懂得时间管理的孩子，时间的利用效率一般都非常高。如何才能管理好时间，大大提升我们对时间的利用效率呢？这是本书第五、六、九课要教给同学们的内容。学好了这些内容，你也一定能成为一位高效管理时间的孩子。

在本书的第七课和第八课里，能学习到让我们不受任何干扰、注意力高度集中地学习、做事的方法。

通过对上述课程的学习、掌握与灵活运用，相信你一定会成为特别优秀的时间管理方面的孩子。愿你在掌握了时间管理后，每门功课都能取得优异的成绩，自己的兴趣爱好也能得到长足发展。

目 录  Contents

第六课　高效学习

——学霸日记，比同学少写一两个小时作业的秘密

第七课　注意！请注意

——克服三心二意，时间面前必须保持专注力

第八课　拒绝打扰

——总有外物想要乱你心神，而你只需充耳不闻

写给孩子的 时间 管理课

第九课　向别人借时间

——当你能力有限，求助会为你节省大量精力与时间

第一课　时间，别走！

——抛弃时间的孩子，也会被时间抛弃

一、少壮不努力，老大惨兮兮

　　你身边一定有这样一些女孩子，总是聚在一起，聊哪里有好吃的、穿什么才好看、用什么化妆品化妆会漂亮，或者沉迷于刷微博、刷微信、追热剧、追星……她们自以为潇洒地放纵着自己，荒废了本该努力学习、提升自己的时光。

　　你身边一定也有这样一些男孩子，他们抽烟、喝酒、打麻将、玩扑克牌、玩游戏、看网络小说，把逃课当成值得炫耀的"功绩"，把打架斗殴看作是展露强大的方式，在本该努力学习知识、充实自己的年纪，挥霍着青春。

　　这样的男孩女孩，在许多少年人眼中，或许是"酷炫"的，与众不同的。但孩子，无论是你还是他们，都不会永远是孩子，终有一天，你们要长大成人，要接替父母，扛起属于自己的责任。到了那个时候，只会打扮追星，只会抽烟喝酒，是无法帮助你们在社会上立足的。"少壮不努力，老大惨兮兮"，这就是最现实的写照。

　　有这样一对姐妹，在上学期间，姐姐学习一直非常努力，凭借优异的成绩考进了北理工，毕业之后进入科研单位，由于在载人飞船项目中贡献卓越，受到了人们的尊重。

而妹妹呢，从小就贪玩，加上父母长辈的溺爱，成天得过且过，沉迷于看剧追星，最后勉勉强强上了一所职高，毕业之后也因为脾气大，找了几份工作都做不长，成了个"啃老族"。

最终，从小就备受宠爱的妹妹成了父母的负担，一点点磨光了父母对她的纵容与宠爱。而姐姐呢，则活成了父母亲戚口中的榜样，谁见了都要夸句好。

孩子，年少时放纵消耗的成本是巨大的，或许现在的你还无法体会，但在未来漫长的数十年中，你都会为这一刻的放纵付出代价。而你今天的努力与辛苦，也会成为成就你未来的重要资本，让你的人生拥有更多选择。

图 1-1　现在的努力决定了未来的高度

在这个时代，知识已经成为立足于社会的重要无形资产，如果我们在本该积累知识的年华选择放纵，那么未来在社会上所受的苦，必然会比现在还要多上百倍、千倍。所以，为了让自己长大以后不成为"少壮不努力，老大惨兮兮"的人，我们从现在开始就应努力做好以下几点。

1. 在该学习的时候好好学习

　　在这个社会上，每个人都有自己的角色定位，而做好符合自己角色定位的事情，就是人们在自己人生阶段上最重要的任务之一。

　　尚且年少时，我们在社会上的角色定位就是学生，这就意味着，努力学习正是我们在这一人生阶段所需要完成的最重要的任务之一。在这个阶段，我们最应该做的事情，就是把主要精力投入到学习上，抓紧每一个阶段的学习。

　　在学习上，不要带有任何一点侥幸心理。要知道，学习知识是一个需要长期坚持的过程，每一阶段的知识，往往都是在上一阶段知识的基础上展开的，所以，要想把学习这件事做好，我们就要学会高效地利用时间，充分、深入地掌握好每一个知识点，务求让自己在求知路上的每一步都走得扎扎实实。现在，我们在学习上付出的努力越多，对知识掌握得越牢靠，到下一阶段时，我们的学习效率就会越高，学习也会变得越轻松。

　　所以，别再因为一时的辛苦，就把精力分散到其他玩乐的事情

上了，一时的放纵只会让你的未来收获更多的辛苦和无奈。

2. 深刻理解现在努力学习对将来的巨大益处

如果我们能够清楚地认识到努力学习对我们现在与将来都有什么巨大的益处，相信我们就会更主动地用好学习的时间，更努力地把功课学习好。

很多时候，我们之所以忍受不了学习的枯燥与辛苦，并不是因为我们自身的承受能力差，而是因为我们缺乏支撑我们坚持下去的动力，缺乏一个督促我们拼命学习的理由。所以，只有从根本上解决这个问题，深刻理解现在努力学习对我们的未来究竟有多少益处，我们才能了解到学习的重要性与必要性，从而更加主动、认真、勤奋地去学习。

所以，孩子，如果你觉得自己没有足够的动力去努力学习，那么不妨试着向父母或者老师求助，让他们跟你好好说说，为什么你要努力学习，努力学习对你现在与将来都有哪些巨大帮助。当你找到了你认可的答案后，相信你一定会更加珍惜现在的时间，全身心地投入到学习上。

3. 多和爱学习的孩子交朋友

许多科学研究以及现实案例都证明，人是很容易被周围环境和他人所影响的。俗语说"近朱者赤，近墨者黑"，这就是人与人之间相互影响的结果。

　　所以，如果我们想要努力学习，而不是把时间都浪费在其他事情上，那么最好多和爱学习的孩子交朋友。不要对自己的意志力太有信心，试想一下，如果你身边的朋友每天不是约你去逛街，就是约你去打游戏，你真的还能每次都拒绝他们的邀约，独自一人乖乖看书学习吗？即使你可以，那么久而久之，你身边的朋友被你一再拒绝之后，恐怕也就慢慢和你疏远了。因此，试着多和爱学习的孩子交朋友吧，相互之间的良性影响必然会让你变得更加积极向上，乐于学习。

二、你的一天是怎么过的？

　　你曾有过这样的经历吗？

　　当爸爸妈妈在家的时候，总会装作很认真地做家庭作业、复习功课或者预习新内容，绝不会去玩游戏，或者看电视，或者看对学习没有任何帮助的闲书。可一旦爸爸妈妈离开家门，立刻就会丢开所有功课，马上开始玩游戏、上网、看电视或者看闲书。等时间差不多，估计爸爸妈妈快回家的时候，又赶紧拿出课本和习题本，装模作样地开始用功，就好像自己有多么热爱学习一样。

　　很多孩子年少时都曾做过这样的事情，每每成功骗过父母之后，心中甚至还会萌生出一丝窃喜和庆幸。然而，仔细想一想，这样的欺

骗到底有什么意义呢?

你可能会说,因为如果不这样做的话,就会被爸爸妈妈责骂,所以,为了逃避责骂,就只能装模作样,像间谍一般地去伪装。可是孩子,你又可曾想过,那么爱你的爸爸妈妈为什么会因为你不好好学习而责骂你? 即使你能凭借高超的"演技"骗过他们,但在学习上的付出与收获却是永远骗不了人的。

听到这样的"大道理",有的孩子或许会嗤之以鼻,因为对他们来说,未来还是太遥远的事情,他们关心的,只有眼下的轻松和快乐,却从不曾认真思考过自己的未来,每天都在得过且过中挥霍着宝贵的青春与生命。

有个女孩子叫洋洋,她学习成绩总是六七十分,甚至刚过及格线。她也没有什么上进心,每天就这么得过且过地混日子。父母和老师督促她的时候,她就认认真真学习几天,而父母和老师一旦没时间管她,她就又故态复萌,继续恢复得过且过的状态。

像洋洋这样"得过且过型"的孩子其实并不少见。那么,这种类型的孩子通常都有哪些特征呢? 一般来说,这种类型的孩子,无论是学习还是做事,都缺乏主动性;在学习上提不起精神,甚至在很多事情上都不感兴趣,缺乏足够的热情;只做家长老师要求的事,不做要求以外的事;遇到困难挫折时会认为"努力了也没有什么用",所以容易放弃;害怕失败,所以不敢主动尝试;喜欢找借口为自己开脱,爱把责任推到别人身上;每天都浪费了许多时间,却毫不在意。

图 1-2　辛苦的"等待"……

与"得过且过型"完全不一样的是"主动自觉型"的孩子。这类孩子在学习上非常主动，所以成绩一直很优异。在学习以外，这类孩子也会有一些别的爱好。在做事上，这类孩子也有比较强的主动性，精力旺盛，喜欢挑战；很少会找借口推卸责任，遇到困难挫折时也不轻易放弃；既爱思考更爱行动；非常珍惜自己的时间。

孩子，你是"得过且过型"还是"主动自觉型"的人呢？现在的我们，由于年纪还不大，可能并不知道现在的得过且过对将来的自己会造成多么大的伤害。但如果我们多向大人们请教一下现在得过且

"主动自觉型"：
主动性较强，精力旺盛，喜欢挑战；
很少找借口推卸责任；
爱思考，行动派，珍惜时间

"得过且过型"：
缺乏主动性，缺乏热情，对任何事都缺乏
兴趣；
容易放弃，害怕失败；
喜欢推卸责任

图 1-3 "主动自觉型"和"得过且过型"

过对将来的危害，又或者自己多去观察一下那些由于青少年时期得过且过，结果长大后因为缺乏谋生技能，而生活过得很辛苦的人，我们就能很直观地知道，得过且过不但是在浪费我们自己的时间和生命，更是在"谋杀"我们将来的快乐和幸福。

那么，怎样才能"拯救"我们的时间呢？以下几点建议相信一定会对你有所帮助。

1. 认识到得过且过对我们将来的巨大危害

得过且过的态度会让我们在人生赛跑中不断落后，被主动自觉的人拉开越来越大的距离。现在我们得过且过，也许在短时间内还不会让我们过上痛苦、难受的生活。但当我们长期采用得过且过的态度去对待生活和学习时，我们必然会渐渐流于平庸，未来踏上社会之后，也会因为缺乏竞争力而举步维艰。

当我们因为自身能力的欠缺，只能去做那些非常辛苦却不能为社会做出多大贡献的工作时，再后悔地来一句"早知道现在会这么辛苦，当初我就应该好好读书"，那就已经太晚了。即使当我们有一天清醒过来，决心要好好做一个主动自觉的人，那也需要花更多额外的时间去"修补"曾经得过且过的岁月里给我们制造的"大窟窿"。

人生就好像是一场马拉松，那些得过且过的人，当父母师长催促时便跑一会儿，在没有人要求时就走一走，停一停。而主动自觉的人，则一直都在努力向前奔跑。如此一来，双方的差距必然会变得越来越远，那些得过且过的人，也终究会被努力生活的人甩得越来越远。等得过且过的人某一天突然清醒过来时，想要追赶上去，恐怕就得付出更多的努力与辛劳，而且也未必还能成功。

2. 把自己培养成"主动自觉型"的人

我们有没有办法让自己成为"主动自觉型"性格的人呢？答案当然是肯定的。虽然说人的性格在一定程度上会受到先天遗传的影响，但很多的行为习惯，实际上更多的还是仰赖于后天的养成。

要想让自己养成"主动自觉"的行为习惯，我们可以多和"主

动自觉型"的人做朋友。俗话说得好: "物以类聚，人以群分。" 当我们身边的朋友都是 "主动自觉型" 的时，受他们的影响，我们也会逐渐成为一个 "主动自觉型" 的人，养成 "主动自觉" 的行为习惯。

3. 养成设立小目标和努力完成小目标的习惯

试着每天给自己设立一个小目标，并努力去完成它吧。比如 "今天背 10 个英文单词"，或者 "今天把曹操的《观沧海》背下来" 之类的，等你把这些小目标完成后，你一定会产生一种难以言喻的成就感和满足感。这种感觉会让你快乐，让你对学习更有兴趣，从而帮助你养成主动学习、主动完成目标的习惯。

更重要的是，你在学习上养成的这个习惯，也会帮助你在其他方面逐渐养成这样的习惯。这个习惯，对你往后漫长的人生路都有着非常大的帮助。当你能做到这一点的时候，实际上你就已经算是一个 "主动自觉型" 的人了。

三、时间很公平，也很不公平

时间很公平，每个人每一天都拥有 24 个小时，不多也不少。时间也很不公平，大家每一天都拥有相同的 24 个小时，可有些人的学习成绩非常好，有些人的学习成绩却总是很糟糕；有些人总能取得让自己满意的成果，有些人却总是得不到一个好结果。

为什么在相同的时间里，会产生完全不一样的结果？与其说是时间很不公平，倒不如说是每个人对时间的管理水平完全不一样。在相同的时间里，懂得时间管理的人，能取得令人瞩目的优异成绩，创造令人惊叹的伟大成就；不懂得时间管理的人，看似也投入了很多时间，却总是得到让自己很不满意的成绩和结果。

图1-4　不同人的24小时

说到底，你怎么对待时间，时间就会怎么对待你。你时间管理得好，懂得善待你的时间，那么时间就会让你得到很多梦寐以求的东西；但如果你不懂得管理时间，甚至随意浪费你的时间，那么时间就会让你碌碌无为，一事无成。这就好比耕种同样一块土地，撒上不同的种子，用不同的方式去耕种它，得到的收获是完全不同的。

《帕金森定律》中有这样一个故事：

一位老太太想要给她的侄女寄一张明信片。她记得自己曾经买

过一批明信片，但忘记具体放在哪个地方了。于是，她找呀找，花了 1 个小时，才把明信片给找了出来。

这批明信片有 5 组，每组 10 张。她开始从这 50 张明信片里挑一张出来。结果她挑呀挑，拣呀拣，觉得这张也挺好，那张也不错，最终又花了 1 个多小时，才决定了选用某张她认为最好的明信片。

定下来明信片后，她又花了半个多小时，才找到了侄女的详细收信地址。然后，她坐到了书桌前，开始在明信片上写自己想对侄女要说的话。这一写，居然又花了 1 个多小时！

在该写上去的内容都写完后，她准备把明信片拿到附近的邮局去邮寄。在出发前，她发现外面天有点阴，不知道会不会下雨。于是，她在纠结要不要带雨伞上，又浪费了 10 多分钟。最后，她还是决定带着雨伞，以防万一。

然后，她慢悠悠地走到了附近的邮局，路上花了 40 多分钟，而年轻人走这段路，只需要 10 分钟。

有个年轻人是某企业的一位部门经理，平日里工作特别繁忙。有一天，他想到有一位好朋友的生日快到了，于是他决定给好朋友寄一张贺卡。这天上午他正好要出去和一位客户见面，于是他准备在路过邮局时顺便买一张贺卡，然后寄出去。

在到邮局前，他已经想好了要写什么贺词，同时他也知道朋友的详细地址、联系方式。于是，他到了邮局，在 10 秒钟之内便选好了贺卡，又用了 2 分钟写了非常简短的贺词，并写上地址、联系方式。然后，在邮局里邮寄了出去。整个过程，他花了不到10分钟！

　　时间是公平的，无论是对这位老太太，还是那位年轻的部门经理，他们每个人每天都拥有24个小时，谁也不会多出1秒，谁也不会少了1秒。但寄明信片、贺卡这件事，年轻的部门经理只花了不到10分钟就完成了，而老太太却花了至少4个半小时才完成。也就是说，在两者4小时20分钟的时间差里，老太太只完成了一件事，而部门经理在完成这件事的同时，又比老太太拥有了更多可利用的时间去做其他事情。从这个角度来看，时间确实并不公平，它更偏爱那些懂得怎么使用它的人。

　　类似这样的例子我们身边其实有很多。比如那些"学霸"、尖子生，他们和那些成绩差的学生都在同一个班级学习，都拥有同样的老师，他们在相同的时间上课、下课，这似乎是很公平的。然而，对时间不同的管理和利用方式，却让他们的成绩有了区别，这就是时间不公平的地方。

　　时间的不公平就在于，你善待时间、利用好了时间，时间就会给你不一样的成绩；你浪费时间、不好好利用时间去努力学习，时间就会给你另一种的成绩。

　　同样的时间，懂得时间管理的学生，能够把1小时用出几个小时甚至几十个小时的效果；不懂得时间管理的学生则相反。那么，我们怎样才能管理好自己的时间，让时间给予我们特别想要的结果呢？

图 1-5　如何管理好自己的时间

1. 为你要做的事情设置截止时间

作为一名学生，你是否发现，在期末考试到来之前的那段时间，是你复习的最高效的时间段？这是因为"期末考试"成了你的"截止时间"。在平日里，当你对自己要做的事情设置了明确的截止时间，你在时间管理上，会更加得心应手，你的学习效率和做事效率，都会有大幅度的提升，甚至是质的飞跃。

所谓"设置截止时间"，其实很好理解，例如你要背诵一篇 2000字左右的经典文章，假如你没有设置截止时间，可能就会拖延，说不定好几天都背不下来。但是，你若是设置好截止时间，比如，今天晚上 10 点前必须熟记并背诵文章。那么你就绝不会拖延，而是今天晚上就能完成背诵任务。

2. 盘点时间，做好你的时间笔记

　　对时间进行盘点，其实也像是做生意记账一样。例如，我们可以把具体某一天我们自己从起床开始，一直到晚上准备上床睡觉，中间的这段时间里，我们所做的每一件事情，都记录下来。每一件事情只需要一句话甚至几个字来记录即可，只要自己看得懂就好。

　　当你把一天里所做的每一件事，无论是多么小的一件事，都一一列出来后，你就能发现自己的时间都花在哪里了。这样你就很容易知道，什么事情不应该在上面浪费时间，什么事情应该继续去做。当你每天都能坚持做这样的时间笔记，坚持一段时间后，你一定能成为被时间特别偏爱的人，时间会给你很多你想要的成果。

3. 列出每天要做的事，思考怎么高效完成

　　我们想要获得时间的青睐，就要懂得时间管理。时间管理的主要目的，就是让自己更高效地做事。换言之，能够在 5 分钟内就完成的事情，绝对不花 5 个小时去完成。而有很多可能别人要花 2 个小时才能做好的事情，你若是懂得时间管理，可能只需要花 10 分钟就能做好。

　　怎么样才能收到这样的好效果呢？方法有很多，后面的章节还会讲到。这里就举一个方法，那就是列出每天你要做的事，然后思考一下，怎么样能花更少的时间而又能保质保量地完成它。例如，你把自己今天要做的事情都列了下来，然后发现其中有"用耳机听季羡林《月是故乡明》的朗读版""用耳机听英语老师指定的某篇英语短文朗读版""慢跑 3000 米"，这几件事完全可以放在一起做，也就是说，

可以一边跑步一边用耳机听。

图1-6 "往者不可谏，来者犹可追"

四、曾经丢掉的时间，用将来的日子把它赚回来

时间如流水，流过去就回不来了。今天永远回不到昨天，昨天也永远回不到前天。无论是谁，在过去的岁月里，都总会或多或少、有意无意地丢掉过一些时间。这些时间，失去了就永远失去了，再也无法拥有。就像朱自清的文章《匆匆》里说的那样，燕子南飞了会回来，杨柳枯了会再青，桃花谢了会再开，但是我们的时间一旦过去了就不会复返。

幸好，伟大的教育家孔子在《论语·微子》里提醒过我们，往者不可谏，来者犹可追。意思是，过去了的已经无法挽回了，但未来的还来得及。如果站在管理时间的角度，孔子的这句话可以这样理解：过去的那些被我们丢掉的时间，我们现在再后悔，它们也回不来了，倒不如好好利用现在和将来的时间，做好我们应该做好的事情。

事实上，如果我们能够妙用时间管理之道，过去我们曾经丢掉的时间，在将来的日子里，也还是有机会能赚回来的。

陆遥是一名高中二年级的学生，因为偏科问题比较严重，所以每次考试的综合成绩都不是很理想。比如他的语文和历史等科目成绩就非常好，每次几乎都能考满分。地理、政治、英语等科目虽然不是特别拔尖，但总体来说也是比较优秀的。最拖后腿的是数学、物理、化学等科目，能及格就算是不容易了。

就陆遥的情况来说，高考毫无疑问是要选择"3+文综"了。但即使如此，作为必考科目的数学也始终是个大问题。为了考上心目中最理想的大学，陆遥知道自己必须在未来的日子里，往数学上投入更多的时间。当然，与此同时，其他科目也是不能放松的，所以，他必须得做出一个计划，争取让时间利用率达到最高，把每一科目的学习都抓紧。

经过认真规划之后，陆遥决定每天都挤出一个小时的时间，用来重新学习以前没有真正掌握的数学知识点，从初中一年级的数学课程开始，但凡已经掌握了的，就一扫而过，而那些自己以前没有投入时间去学习、结果一直没有理解掌握的内容，就重点去重新学习，配合相应的练习题，直到最终完全理解掌握，然后再往下一个过去没有

学好的知识点进发。

就这样，陆遥一直坚持着每天一个小时的补习，经过半个学期的努力以后，他的数学成绩有了大幅度的提高。一个学期以后，通过自己的查漏补缺、融会贯通，他原本是弱项的科目数学，也成为了他的一门优势科目！

进入高三的时候，陆遥在语文、数学、英语、政治、历史、地理等高考必考的科目上已经没有任何短板。高考后，他也终于如愿以偿地考进了他梦寐以求的著名学府。

陆遥的做法很好地诠释了什么叫"曾经丢掉的时间，用将来的日子把它赚回来"，又或者是什么叫"往者不可谏，来者犹可追"。

像陆遥这样偏科的问题，很多学生其实都存在。因为在学习上，我们通常都是有自己的偏好，比如有的学生对文科更感兴趣，有的学生则往往更喜欢理科。于是，在学习的时候，我们就会不由自主地把更多的时间与精力都投入到喜欢的科目上，久而久之，便忽略了那些自己本就不擅长或不感兴趣的科目，偏科的现象也就随之出现了。

之前说过，知识的学习是存在一定延续性的，某个环节"掉了链子"，就可能导致后面的知识点学习变得艰难。因此，当出现偏科的问题之后，想要把成绩补救回来，我们往往需要花费更多的时间，去重新建立我们的知识链。

好在陆遥非常懂得管理自己的时间，知道"曾经丢掉的时间，用将来的日子把它赚回来"，所以，他最终用"将来的日子"成功修补了过去因为不感兴趣而没有投入足够时间的数学这门科目的短板。

　　陆遥的做法是非常值得我们借鉴的，如果你过去也有"曾经丢掉的时间"，现在想"用将来的日子把它赚回来"，那么不妨试试以下几种方法。

1. 找出"曾经丢掉的时间"

　　每个人在过去都会有不少"曾经丢掉的时间"。这些时间已经逝去，追悔也已经无补于事。但是，由于没有在某些事情上投入足够的时间，又或者过去在做某些事情时过于低效，以至于投入了很多时间，结果也不甚理想，对于这样的事情，还是很值得我们关注的。

　　如果这样的事情对我们将来的影响还比较大，那么我们更要把它们找出来。例如，你在某门科目上因为没怎么投入时间，又或者投入了很多时间却效果很差，而这门科目还是你将来的必考科目，那你就一定要现在马上重视起来。

2. 规划好你"将来的日子"

　　当我们找出"曾经丢掉的时间"，也就是过去本应该投入到很重要的事情上、结果投入到了其他事情上的时间，确定了要进行弥补，那么我们就要好好规划一下将来的时间，安排好怎么去利用将来的日子，把曾经丢掉的时间赚回来。例如，刚才提到的那位过去数学成绩一直很普通的学生，就通过规划好自己"将来的日子"，一点点地把

"曾经丢掉的时间"给"赚了回来"。

3. 从现在起，学会与时间赛跑

　　台湾著名作家林清玄写的《和时间赛跑》，相信大家都学过。文章的最后三段内容里他写道，他读小学的时候，有一天在放学回家的路上，看到太阳快下山了，便决定要比太阳更快地回家，然后狂奔回去，结果太阳还没有完全下山。于是他觉得自己跑赢了太阳。后来，他又和暑假作业"赛跑"，用了 10 天时间便把整个暑假的作业都做完了。他读小学三年级的时候，常常把正在读五年级的哥哥的作业拿来做。

　　每一次进行类似于这样的与时间的赛跑并取得了胜利后，他都会快乐得无法形容。在往后的岁月里，他一直这样"和时间赛跑"，结果赢得了一个又一个成就。最后他说："如果将来我有什么要教给我的孩子，我会告诉他：假若你一直和时间赛跑，你就可以成功。"

　　如果你也有很重视的"曾经丢掉的时间"，准备用"将来的日子"把它赚回来，不妨像林清玄，从现在起，学会与时间赛跑。相信你将来的学习成绩一定会越来越优异，成就一个接一个地被你创造出来。

第二课　时间它去哪了

——是谁偷走了你的时间

一、管理时间，从抓住"偷时间的贼"开始

　　我们要想每次考试都取得优异的成绩，将来迈入最理想的高等学府，就必须每天投入足够的时间，高效地学习。

　　然而，在我们学习和生活里，总有一些"偷时间的贼"悄无声息地出现，偷走我们的时间，让我们蒙受损失。我们要管理好自己的时间，首先必须学会抓住"偷时间的贼"。

　　雯雯是刚升入初中一年级的学生。班里的同学入学成绩都比她好，她暗暗下决心不做班级里的垫底学生，一定要努力学习。

　　她向读大学的大表姐求助，问表姐怎么样才能有效地提高自己的学习成绩？大表姐跟她说，要想学习成绩好，必须从时间管理做起。而要管理好自己的时间，必须首先抓住"偷时间的贼"。

　　"偷时间的贼"？雯雯对这个词组非常好奇。而且她以前以为，时间管理都是上班的人才需要做的。原来想要取得好成绩，也要学会时间管理。

　　大表姐说，所谓"偷时间的贼"，其实就是我们学习和生活中，浪费我们时间的各种因素。浪费我们时间的因素，可以是某些事情，也可以是某些人。例如，常见的一种浪费我们时间的事情，就是"找东西"。

图 2-1　在你找东西时，时间正悄然流逝……

　　大多数人都有把东西乱摆乱放的习惯，待过了一段时间以后，想起要用到这样东西时，才发现自己已经不记得放在哪里了，于是，便翻箱倒柜地找。找了大半天时间，才找到。"找东西"，就是一个"偷时间的贼"。

　　雯雯说，自己的时间，也经常被"找东西"这个"贼"偷走。大表姐说，要抓住这个贼也好办，只要学会把东西分类存放就可以。雯雯点了点头。

　　大表姐又说，拖延也是我们很常见的一个"偷时间的贼"。要抓住这个贼，最有效的方法，就是只要是必须要做的事情，马上就做。

图 2-2 当你消极时，时间已经偷偷溜走……

因为这件事情，你迟早都要完成的，晚做不如早做，毕竟每个人的时间都有限，现在不做，就会占用以后的时间，无形中，一些时间就被"偷"走了。

雯雯听到这里，恍然大悟。自己以前就经常爱拖延，连做作业都爱拖拖拉拉，总把作业拖到很晚才做，看来这个习惯要立刻改才行。大表姐赞同道，是必须要改。

大表姐又对雯雯说，还有一个常见的"偷时间的贼"，就是一些琐事或者不重要的事，甚至是毫无意义的事。比如我们周围有些人总

是喜欢占用我们的时间，陪他们逛街、打游戏、唱歌、钓鱼等。如果我们不学会拒绝他们，我们的时间就被这些毫无意义的事"偷"走了。

这三种常见的"偷时间的贼"，雯雯知道后，马上就开始去抓，学习成绩果然有大幅度的提高。

除了雯雯大表姐提到的这三种常见的"偷时间的贼"外，其实还有不少别的类型的"偷时间的贼"。当然，这些"偷时间的贼"不见得会在每个人身上"偷"时间。例如，"懒惰"也是一个很常见的"偷时间的贼"，但是，那些勤奋努力的人，就不会被这种"偷时间的贼"偷走时间。

又如，"消极情绪"也是一种常见的"偷时间的贼"，当一个人情绪低落、心情很差、难受抑郁的时候，就会什么也不想干，对什么都提不起精神。如果一个学生被消极情绪掌控，就不但不想学习，还有可能会做傻事。

当然，这种"偷时间的贼"在积极乐观的人那里，是偷不走时间的。而我们要抓住这类"贼"，就一定要学会调整自己的情绪，无论遇到了什么让自己心情不好的事情，也要学会让自己尽快往积极乐观的方向上引导。当我们是积极乐观、充满了正能量的人时，"消极情绪"这类"偷时间的贼"就无法对我们下手了。

管理时间，从抓住"偷时间的贼"开始。要抓住"偷时间的贼"，除了把东西分门别类好让自己找起来特别快，必须做的事情马上去做，学会拒绝周围的人以免我们的时间总是被乱占用，做一个勤奋努力、积极乐观的人外，我们还可以采用下面的方法，去抓住"偷时间的贼"。

1. 分清事情的轻重缓急

无论是学习还是做别的事情，如果想要达到我们最想要的效果，分清轻重缓急都是最重要的。如果我们分不清轻重缓急，就很容易让自己的时间被"偷时间的贼"偷走。例如，作为学生的我们，最重要的事情当然就是学习，把每门该学的功课都一丝不苟地学习好，把每一个知识点都扎扎实实地掌握好。

如果我们不是把学习放在最重要的位置，而是把玩电子游戏、追剧、追星、逃课之类的事情放到重要的位置，就是分不清事情的轻重缓急，我们的时间就会轻易地被"偷时间的贼"偷走。

2. 上课时要专心听讲

要成为一个学习成绩优异的学生，首先要能够在上课的时候专心听讲，尽可能多地吸收老师在课堂上传授给我们的知识，最好是全部都吸收到我们的大脑里，然后融会贯通，在运用的时候能信手拈来。如果我们在上课时不专心听讲，就相当于是被"偷时间的贼"又偷走了时间。

怎么样才能保证自己能专心听讲呢？做到这两点：其一，晚上要休息好，这样白天上课的时候才会有充沛的精力，而精神越好我们听课效果就会越佳。其二，尽可能预习，然后把预习过程中产生的问题记录下来，带着问题去听课，这样也能让我们非常专心地听课，学习效果也能达到最佳。

3. 学会拒绝和抵挡诱惑

刚才已经提到，周围的人让我们去陪他们逛街、打游戏、唱歌、钓鱼等。这些毫无意义的事就是在偷走我们的时间。我们要学会拒绝这些人的要求，拒绝的理由其实也很好找，比如你要回家做家庭作业，或者抓紧时间复习功课、预习新内容，诸如此类。当然，有些事情如果确实应该帮忙，即使是被偷走一些时间，也应该去帮忙。例如，那些救急解困的事。

除了学会拒绝，还要懂得抵挡诱惑。社会中的诱惑真的太多太多了，这些诱惑，我们一旦沦陷进去，我们的时间就会被不断偷走。例如，刚才提到的电子游戏，就很容易让人们上瘾，并且在游戏中浪费许多时间。我们一定要远离电子游戏。还有很多诱惑，我们不妨列举下来，平常要能够远离，千万不要抱着好奇心理去尝试，否则就会掉进深渊，爬都爬不出来！

二、事实上，一分钟你都丢失不起

　　早晨听到闹钟响，你把头埋到被子里，喊着："啊，再睡一分钟，就一分钟……"

　　上课太无聊，你神游天外，安慰自己："只是开一分钟小差，没关系，没关系……"

　　作业没做完，但动画片实在精彩，你不断地安慰自己："就多看一分钟，就一分钟，不耽误事……"

　　……

　　但其实，你又是否明白，人生的每一分钟都是如此珍贵，哪只是一分钟，也是我们丢失不起的宝贝。

　　我们熟练背诵着古人留下的词句："一寸光阴一寸金，寸金难买寸光阴。"却常常领会不了其中的智慧。我们尚且年幼，所以总以为时间能够肆意挥霍，别说一分钟、一秒钟了，哪怕是一天、一年，在我们眼中，大概还不如一个芭比娃娃，一个变形金刚更珍贵。但事实上，任何优异成绩、伟大成就的取得，都是从一分一秒的努力，不断累积而成的，当我们肆意挥霍掉一分钟的时候，就意味着，我们比那些更懂得珍惜时间的人又落后了一分钟，日久天长，成功与失败之间

的距离便是这样拉开的。

　　一位高考状元回母校做演讲时，向学弟学妹们介绍了自己的学习方法和经验。他提到非常重要的一条，那就是要学会管理自己的时间，把每一分钟都利用起来，绝不轻视任何一分钟。

　　例如，他会把一些很难记住的内容记在小卡片上，放在身上口袋里，在上学或回家路上，想重温时，就拿出来看看，直到对内容滚瓜烂熟，再换一批写有新内容的小卡片。

图 2-3　一分钟，我们可以做什么

又如，他随身会带着一个小本本和一支小铅笔，有什么想法、灵感、疑问都记录下来，想法、灵感在以后能用得上时就拿来使用，疑问则向老师请教，找出答案。

这些零零碎碎的时间，单独看上去似乎都短暂得不值一提，但只要能够找到方法，将它们好好利用起来、累积起来，哪怕再短暂的一分钟，也能让你得到意想不到的回报，帮你取得优异的成绩。

一分钟的时间确实太过短暂，但千万别拿一分钟不当时间，只要利用得当，一分钟其实也能够做很多事。

有人曾在脸书（•Facebook）上向网友征集"一分钟可以做什么"的答案，然后就收到了无数的回复。一分钟能做些什么呢——

一分钟能做 30 个仰卧起坐；一分钟能读完一首诗；一分钟能想到一个绝妙的创意；一分钟能喂你的狗狗；一分钟能给你的绿植浇浇水；一分钟能唱一首歌；一分钟能写一篇日志；一分钟能吃一个苹果；一分钟能喝一杯水；一分钟能发一条积极的信息；一分钟能拍一张记录美好记忆的照片；一分钟能做一组平板支撑；一分钟能回忆一段幸福时光；一分钟能做一次深度冥想……

一分钟还可以做很多很多事情，你若是感兴趣，不妨自己找一张打印纸、一支笔，发散你的思维，把能想到的都写下来。当然，如果你能找来你的小伙伴们，一起参与这件事，会更有趣，更有收获。你也将更深刻地认识到：一分钟，确实很重要，很珍贵。

那么，我们应该如何做，才能将每一分钟的时间都利用起来，不浪费一分一秒呢？

一寸光阴一寸金，一定要节约时间！

如何把每一分钟时间都利用起来？
◆ 集中精力，把时间看牢
◆ 利用计时器，监控每一分每一秒
◆ 制定时间表，把所有时间都安排好

图2-4　如何节约每一分钟时间

1. 集中精力，才能把时间看牢

很多孩子做事之所以拖拖拉拉，效率上不去，归根结底是因为他们在做事的时候不够专心，总是三心二意，甚至边玩边做。这种行为显然是错误的，它不仅大大降低了我们做事的效率和质量，还在不知不觉间浪费了大把时间，而且事情也做不好，玩也玩得不畅快。因此，小伙伴必须刻意培养自己做事专心的好习惯，学会把做事和玩乐分开，不可一心二用。

2. 利用计时器，监控每一分每一秒

我们要改变做事拖拉磨蹭的坏习惯，计时器绝对是个好帮手。在做事情的时候，我们可以根据所需要做的事情的难易程度来给自己

规定时间，然后利用计时器来监控自己的完成进度。这样做一方面能够帮助我们树立时间观念，另一方面也能合理安排时间，提高自己的做事效率。

3. 制定一个时间表，把所有时间安排好

为了更直观也更全面地管理每一分钟，我们可以根据实际情况，制定一个详细的日常生活时间安排表，然后按照安排表的计划来完成每天需要做的事情。通过这样的方法，不仅可以让我们直观地看到自己每天在时间支配上的缺点和不足，还能帮助我们提高做事效率。

三、有多少时间，都被你和电子屏幕合伙偷走了

你知道短视频社交软件吗？

听到这个问题，大多数孩子大概都会侃侃而谈，甚至比成年人对这些社交软件的种种功能还要了如指掌。

这可不是笔者的妄加揣测，早就有专业的调查机构通过调查发现，小视频的拍摄者里，中小学生竟然占据了很大的比例。在小视频软件上，我们很容易就能找到很多以小孩子为主角的小视频。有小孩子摆出各种姿势跳舞的，有小孩子玩各种游戏的，有小孩子搞怪的，甚至还有小孩子化妆的！

很多小学生、初中生放学后，在回家路上，回到家后没有家长在的时候，或者是放学后几个小伙伴们聚在一起时，都会忍不住刷刷小视频。尤其是年龄较小的孩子，往往是一刷小视频，一两个小时就不知不觉地过去了！也就是说，一两个小时就这样悄悄地被电子屏幕偷走了。

这里说的"电子屏幕"，指的就是智能手机、电视机、电脑等电子产品。如今，越来越多人被这些电子屏幕所吸引，每天投入其中的时间越来越多。这些人里就包括无数的孩子。

当然，很多时候，偷走我们时间的，可不仅仅只是电子屏幕，我们自己也是帮凶之一。放学回家以后，明明有很多作业还没完成，明明应该预习明天的功课，但却总是趁着父母还没回家，偷偷上网玩电子游戏，沉迷各种电子产品。时间就是这样悄悄溜走，不知不觉浪费掉的。

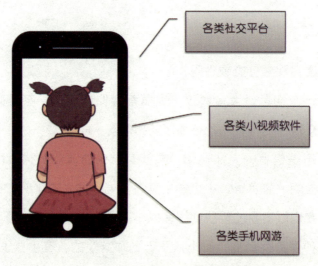

图2-5　令人上瘾的"电子屏幕"

试想一下，当你在沉迷各种电子产品的时候，别人或许正在努力地复习或预习呢，而成绩的差距和知识的获取就是这样慢慢拉开距离的。

在这个时代，5G 网络基础设施的普及和智能手机的大众化，使得无数诱惑通过电子屏幕这个媒介，轻易就能偷走我们的时间。令人沉迷的游戏，无法割舍的社交平台，朋友圈、论坛、贴吧、短视频等，都是那么容易令人"上瘾"，玩过短视频、小游戏这一类移动互联网产品的人想必都深有体会。

事实上，这些 APP 软件为了吸引用户，许多设计都是为了满足人们的心理需求，只要是正常人，无论年龄大小，一开始玩，就完全停不下来，自制力再强大的人，都会在玩了几小时后，刷得手指都累得快抽筋、眼睛酸得掉眼泪了，才突然醒悟过来自己已经被偷走了好几个小时时间。

连自制力很强大的人都尚且如此，更何况是那些自制力差的孩子呢。为了让自己的时间不被"电子屏幕"后面的那些很容易让人上瘾的东西偷走，我们很有必要采取一些有效的方法，去抓住这些偷走我们时间的大盗！下面是几条非常行之有效的方法。

1. 远离短视频平台

有的孩子可能会说："我上短视频平台，是为了学习。"真的是这样吗？互联网上的"秘方"真的比你的老师和同学更能帮助你提升成绩？很显然，答案绝对是否定的。

事实上，只要你好好掌握课本里的知识，认真听老师讲课，将

每天学到的知识融会贯通、灵活运用，就能取得非常优异的成绩了，这可比你把时间浪费在互联网上要有用得多。

而且，一些视频软件，从一开始就是瞄准了人性的弱点来设计的，只要是人就会中招，所以千万不要高估自己的自制力。最好的做法是，远离短视频、小游戏之类的平台，不给自己上瘾、沉迷的机会。

2. 使用互联网时，不妨请家长或老师监督自己

互联网，无论是电脑互联网还是手机移动互联网，上面都有无数诱惑我们的东西，一旦我们受不了诱惑，就很容易沉迷进去，迅速成瘾，直至无法自拔。短视频、小游戏之类的平台不过只是其中十分微小的一个部分，除此之外，还有无数的诱惑潜伏在互联网上，随时窥探着我们的行踪，不知不觉就能偷走我们大量的时间，甚至可能危害到我们的身体健康，并且让我们损失很多金钱！

当然，成长在互联网时代的我们，完全断绝网络也是不现实的事情。如果担心自己的自制力不够，那么不妨试着向家长求助，让他们来监督我们，随时提醒我们不要沉迷网络。比如可以和家长约定好上网的时间，时间一到，就请家长或老师提醒我们下线。

3. 只把互联网当成一种应用工具

作为一名学生，我们最主要的任务就是努力学习和健康成长。所以，在做时间管理的时候，除了安排好自己的休息时间和锻炼身体的时

间外，剩余的时间应该尽可能地用来学习。至于充满诱惑的"电子屏幕"，可以作为一种娱乐手段，但却绝不能让它大量占据我们的生活。

当然，不可否认，互联网确实是一种十分方便的工具，可以为我们的生活带来无数便利。但与此同时，我们也应该牢记，它仅仅只是一种工具，一种可以让我们搜索自己所需要的信息、资料等的一种应用工具。我们可以利用它来搜寻一些对自己有益的娱乐内容，比如下载一些好音乐、好电影等，但一定要适可而止。

当你能让"电子屏幕"为你服务，而不是成为"电子屏幕"的奴隶时，才是真正管理好了自己的时间，抓住了"电子屏幕"这个偷走你时间的贼。

四、善用零碎时间的孩子，将来更优秀

你身边一定有这样的同学：他的上课时间和你一样多，但是，学习成绩却比你和大多数同学都要好，更让人佩服的是，他不但每门功课都学得很好，还在很多领域都取得优异的成果，仿佛是全能的。例如，有些学习成绩优异的同学，在书法、绘画、围棋、体育竞赛、象棋、音乐……某一个或多个领域里，都有着出色的表现。

我们有时候难免会想知道，他们究竟是怎样做到的？难道他是天才，所以才会比大多数同学都要学习成绩优异，且学习之外的很多领域，也很优秀？

　　有个女孩在 10 岁的时候参加了"全国青少年棋院棋类比赛"，最终获得了该年龄组国际象棋女子冠军。她在绘画方面也有着很高的水平，曾多次在全省甚至全国的青少年绘画大赛中获奖。而且她的学习成绩一直都非常突出，是"年级学习标兵"。甚至在钢琴方面，她也有一定的造诣，游泳、乒乓球、羽毛球等运动项目上也达到了业余高手的水平。

　　明明大家一天的时间都是 24 小时，可为什么她却能够做到学习、下棋、绘画、弹琴、体育锻炼等方方面面都这样出色呢？

　　当被问及有什么秘诀才能成为如此出色的人时，这个女孩回答说，她靠的是统筹安排自己的时间，也就是科学巧妙地利用好自己的每一分每一秒的时间。更具体地来说，就是把自己的零碎时间利用到了极致。

　　例如，每天上学的路上，她会背棋谱；放学的路上，她会背英语单词，诸如此类。她的时间在井井有条的安排下，发挥出了最大的威力，于是，她的生活变得多姿多彩，很多方面都做得很出色。

　　无独有偶，一位曾在省级高中生英语词汇竞赛里获得冠军的学生，在接受采访，被记者询问有什么秘诀，能记住这样多的单词的时候，他的回答是："其实没有什么秘诀，就是日积月累而已。我会把一批单词写在一些小卡片上，然后每天都会利用一些零碎时间，随时去背。当我把一批单词背得滚瓜烂熟后，再去制作下一批写上单词的小卡片。就这样一点一滴地背，累积下来我已经记住了远比别人多得多的单词量。"

我国著名数学家华罗庚说过："时间是由分秒积成的，善于利用零星时间的人，才会做出更大的成绩来。"他是这么说的，也是这么做的。而我国的另一位著名数学家苏步青也认为："我的时间有限，'没有整匹布'，我挤时间的办法就是充分利用'零布头'，把1分钟、2分钟的时间都利用起来，这样'零布头'也能派上用场。"

　　生活中有很多看似无用的零碎时间，课间十分钟的休息，等待公交车时几分钟的间歇，走在路上无所事事的时间……这些零碎的时间看似都非常短暂，但一整天下来，一整个星期下来，或者一个月、一年……它们累积起来的时间是非常惊人的，而那些仿佛比我们拥有更多时间的优秀者，正是因为懂得利用零碎的时间，并将其发挥出最大的效用，所以才能学习到更多的东西，让自己在"相同"的时间内获得更大的提升。

　　事实上，那些善用零碎时间的孩子，不但现在表现得很优秀，将来也会比大多数人都更出色。看看社会上那些取得巨大成就的专家、学者，谁不是善用零碎时间的高手呢？他们总能在相同的时间内比别人完成更多的事情，就是因为他们确实拥有比绝大多数人都"更多"的时间，并且能够把每一分每一秒都高效地利用起来。在这样的情况下，他们能取得常人难以企及的成就，也就是理所当然的事情了。

　　那么，现在的我们，应该如何把那些零碎时间利用起来呢？

1. 睡觉之前和醒来之后的零碎时间

睡前的一小段时间和醒来后的一小段时间虽然很短暂，但却是记忆的黄金时间，所以一定要利用好它们。

睡觉之前，我们可以用 10 分钟左右的时间，闭上眼睛去想一想白天老师在课堂上所讲的内容，把其中的重点、难点、知识点，或者需要重点记忆的单词、短语、定理、公式等，默念背诵一遍。如果有记不起来或记不清楚的，马上翻书看一下，着重加强记忆。等当天的重难知识点等都记牢了以后再睡觉。第二天早上起床后，把睡前重点复习过的内容重温一遍，若是又有记不住的内容，马上翻书看一下，

图 2-6　零碎时间的妙用

再记忆一遍。

　　当然，睡觉前的时间也可以用来练习英语听力，这方面有专门教我们怎么去做的方法，不妨找来实践一下。早上醒来后，听一篇优美的抒情散文或英语美文也是非常不错的。日积月累下来，一定对自己大有裨益。当然，你也可以根据自己的实际情况，来安排自己睡前和醒来这两段零碎时间要做的事。

2. "三餐"之后的零碎时间

　　早餐后，可以用 5 分钟的时间，看一遍昨天所学的知识点，不需要记忆，顺便放松一下大脑。午餐后往往会有半个小时左右的空闲零碎时间，这段时间你可以用来稍微休息一会儿，或者一边散步一边背自己写在小卡片上的单词、知识点、公式、定律之类的内容。也可

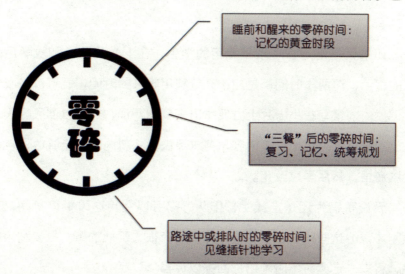

图 2-7　一天中有哪些"零碎时间"

以回教室学习、做作业。总之，这半小时是可以充分利用起来的。

晚餐后的时间，是最充足的零碎时间，一定要好好进行统筹规划。除了复习功课、完成作业和预习功课外，我们还可以安排时间去做对自己的学习成绩提升有帮助的事，或者去做有益的课外活动。具体安排什么样的内容，每位同学都需要根据自己的情况，具体去规划。

3. 上学、放学路上或排队时的零碎时间

刚才已提到，有些同学学习成绩优异且在学习之余的一些事情上也做得很出色。这类同学的秘诀，其实就是对课外的零碎时间运用得非常好。例如，在上学的路上，在回家的路上，在课间休息的时间里，在排队等候的时间里，他们都很懂得见缝插针地利用好自己的零碎时间。

如果我们不是在学校里寄宿的学生，在上学的路上和放学后回家的路上，这两段时间都是应该充分利用起来的时间，既可以将我们要记住的内容写在小卡片上方便拿出来看和背诵，也可以回顾当天课堂上的重点难点记忆点等内容，务求尽快地将新内容完全吸收进自己的脑海里，然后学以致用。

无论寄宿生还是走读生，排队时都可以利用这段零碎时间，去做刚才说的这些对自己学习或课外活动有很大帮助的事。只要利用得好，将来一定会时不时地给你回报以惊喜。

五、懂时间管理的孩子，能把一天用成 48 小时

每个人的一天都是 24 小时，这是毋庸置疑的。可我们身边，总是有这样一些人，能把一天过得像 48 小时。学习、生活、社交、兴趣爱好……无论哪一方面，他们似乎都能游刃有余地兼顾起来。这到底是为什么呢？他们究竟有什么秘诀，可以让自己的时间"增值"，从而完成比大多数人更多的事情呢？

对于这个问题，一位就读美国哈佛商学院的学生所写的文章或许能够给我们答案。

在文章里，这位学生讲述了他刚进入哈佛学习时的一些事情。那时候，学校给新生们制定的第一学年时间表是非常紧张的，其目的就是为了锻炼大家的时间管理与应对压力的能力。但很快，这个学生就发现，即使每个学生每天的时间都被安排得满满当当的，有些学生却依旧还是可以过得非常从容，仿佛每天都有 48 小时似的。

例如，同学 A，在英国伦敦开了一家新公司，正在招兵买马、扩张业务、多方融资，方方面面的经营进展都非常顺利。异地运营一家新公司，丝毫没有影响到他的学业，对于学校安排的课程，他从来没有逃过课。

但凡有任何一门学科的小组讨论，他总是会第一个出现，每次

都准备得很充分，其发言见解非常独到。甚至，每天时间都被安排得满满当当的他，不但游刃有余地经营着远在伦敦的新公司，还又接手了哈佛商学院的某个启动项目，后来还在学生创业竞赛中获得了第一名。

又如担任学习委员的同学 T，学习成绩非常优异，足以成为大家的学习楷模。这位同学 T 在课堂上的发言总是非常有质量，在课外经常组织各种学习活动，哈佛商学院里搞的各种派对几乎场场参与，但即使参加派对直到凌晨 5 点，第二天早上 7 点依然准时给全班同学分发某学科的学习资料。

他的同学 K 则是给美国的一位非常红火的歌手伴奏的乐队的鼓手。虽然她跟着那位超级巨星以及乐队出去进行了一轮巡回演唱会，但是她在学业上并没有荒废，而是每门功课都兼顾得很好。

在哈佛大学里，类似于上述这样的"牛人"还有很多。他们仿佛每天都有 48 小时似的，不但在学业上做得很出色，在课堂之外的很多事情上，也表现得很优秀，就连课余生活都过得十分丰富多彩。

其实不只是这个学生所在的哈佛大学里有不少这样"能把 24 小时用成 48 小时"的"牛人"，在每一所著名高校里，在每一个著名大企业里，在每一个大机构里，甚至在你我周围，都存在这样的"牛人"。

这个学生后来还采访了不少这样的"牛人"，向他们请教时间管理的秘诀，希望能揭开"把 24 小时活成 48 小时"的秘密，最终他也如愿以偿。他把这些"牛人"在时间管理上的共同点总结了出来，公之于众。

看了这些秘诀后，我们发现，几乎每一个懂得时间管理的人，例如我们身边的"牛人"同学，那些既学习成绩优异又在课外的很多方面都表现得很出色的孩子们，都在运用这些秘诀。下面将这几个秘诀列出来，希望能对你有所帮助。

图 2-8　"牛人"的时间管理秘诀

1. 注重时间的使用效率

为什么那些时间管理"牛人"能把每天的 24 小时仿佛活成了 48 小时呢？因为他们对时间的使用效率非常重视。换言之，他们的时间使用效率比大多数人要高。我们以初中生为例，一位学习成绩处在班级里中游的孩子，可能解一道数学难题的时间是 1 个小时，甚至还

不一定能解得了。但一位学习成绩在年级里名列前茅的孩子，可能10分钟就解决了。这样后者就比前者"多"出了50分钟。又如，某"学霸"用30分钟就把当天的作业都很好地完成了，而某差生用了一个晚上，花了几个小时才勉强完成了。前者就相当于比后者"多"出了几个小时。这就是时间使用效率的差异。

要保证时间能高效地运用，必须做好三点。第一点是，劳逸结合。例如，当你学习了很长时间后，发现大脑已经累得不行了，开始犯困了，这时候就不要勉强自己，最好去睡半个小时，等醒来后，继续学习，你会发现，疲劳时学2个小时都学不进去的内容，在精力充沛时10分钟就能很好地掌握了。第二点是集中精神。专心地做一件事，效率最高，这个大家都能明白，就不详述了。第三点是锻炼身体。经常锻炼身体，能让我们拥有精力充沛的身体，对我们高效运用时间的帮助巨大。

2. 列好事情的优先顺序

其实，任何人的时间都是有限的，即使是那些能"将24小时用成48小时"的"牛人"。所以，我们千万不要想着把所有的事情都做好，一定要养成把每天要做的事情列下来，然后列一个先后顺序，越是重要的、必须做的事情，越放在前面，那些可做可不做的事情，放在后面。在精力最充沛的时候，先做最重要的事情。例如，神采奕奕的时候，把难点、重点、知识点、原理、公式、定律、法则之类的，好好学习，理解，融会贯通。总之，你一定要确保自己总是在做最重要的事情。

3. 提前计划并马上执行

　　其实这个秘诀也很好理解。例如，作为学生的我们，最重要的就是学习，其次是课外的特长、兴趣发展。怎么提前计划呢？在新的一周到来前，我们尽可能把接下来的一周要完成的目标列下来，然后给出执行计划。待新的一周到来之时，马上开始执行。

　　例如，你要在新的一周里，把将要学习的新内容都高效掌握，那么，每天你都要计划好你的时间，什么时候复习老师已经讲过的内容，什么时候预习新内容，然后在预习过程中将各种问题都记录下来，待第二天上课时，带着问题去听课，这样你上课时间的效率就会非常高。假如你在预习时遇到的问题在课堂上并没有找到答案，下课后一定要尽快找老师帮你解答，这样也是提高时间使用效率的秘诀。

　　每天晚上，尽可能抽出一点时间，盘点一下自己的计划落实情况。这样你对于自己时间的管理，就能更加得心应手，更能高效地运用时间，越来越向"把 24 小时用成 48 小时"的"牛人"靠拢。

第三课　同学，请自律

——养成良好生活习惯，时间会逐渐回到你身边

一、能按时起床的孩子，比大人都了不起

　　每天清晨，随着太阳的升起，无数家庭都在上演这样一幕幕的剧情：

　　闹钟响了一遍又一遍，孩子却依然赖在床上不肯起来。妈妈一边帮孩子整理书包，一边苦口婆心地念叨："宝贝啊，该起床上学啦，不能按时起床，就是对自己不负责任啊，以后做不了男子汉哦……"结果孩子一拉被子，直接把脑袋捂住，就是不肯乖乖起床……

　　在另一个家庭里，也有一个早上应该按时起床的孩子，同样赖床不起。她的妈妈跟她说："你再不起床，上学该迟到了，老师该批评你了！当着全班同学的面，老师批评你，你说你丢不丢人？"但孩子同样不为所动，就是不想起床……

　　我们再看看第三个家庭里的一个该按时起床去上学的孩子。距离该起床的时间已经又过去 5 分钟了，他的爸爸喊他起床喊了小半天，他还是没起床。他爸爸一生气，跑过去把他的被子掀了起来，然后把他抱离了床，让他站在了地上。这个孩子这才揉着眼睛，不情不愿地走向洗漱间……

　　有人说，能够按时起床的孩子，是比大人都了不起的。为什么这样说呢？因为赖床从来不只是孩子的"专利"，很多大人对于起床

这件事，同样是"深恶痛绝"的，他们和不少孩子一样，都患有严重的"起床困难症"。

图 3-1 "起床困难症"

赖床其实是一种意志力薄弱的表现，最容易出现在那些缺乏清晰的生活目标，没有什么明确的追求，平常总是得过且过的人身上。因为对这些人来说，他们之所以赖床，其实只是缺乏一个"必须"按时起床的理由。在他们看来，无论是上学还是上班就要迟到，还是宝贵的时间被不断浪费，都是无关紧要的事情，甚至比不上被窝里一时半会儿的温暖与舒适。

但如果一个人，有着清晰的生活目标，也有自己的理想与追求，那么他就会明白，时间是多么的宝贵，不应该浪费在短暂的舒适上，所以，这样的人是绝对不会赖床的。

当然，除了意志力薄弱之外，不规律的生活作息也是导致赖床的"元凶"之一。人的精力是有限的，不可能长时间地做一件事而不休息，所以，如果一个人总是熬夜，很晚才睡，那么无论这个人是大人还是小孩，第二天早上肯定都很难按时起床。

通常来说，我们之所以会熬夜，有两方面的原因：一是因为沉迷于某些东西而主动选择熬夜；二是因为当天需要完成的任务没有达成而被迫选择熬夜。无论是出于什么样的原因，打乱正常的作息时间，必然都是得不偿失的。因一时的沉迷而熬夜，必然会影响到我们第二天的精神状况，从而影响到学习或工作情况；同样的，即便是熬夜完成任务，因为精力不济，我们的学习或工作效率也必然会受到影响。

图 3-2　如何养成按时起床的习惯

不管对大人还是孩子而言，养成按时起床的习惯，都能让我们受益无穷，因为这关乎到我们多方面品质的培养。因为在培养按时起床习惯的过程，实际上也是一个锻炼我们责任心和意志力的过程，而且，养成按时起床、绝不赖床的习惯，还能很好地提升我们的时间观念，可以说是百利而无一害的。

那么，我们该怎样做，才能最有效地养成按时起床的习惯，成为比大人都了不起的、绝不赖床的孩子呢？下面是几条非常有效的方法，不妨一试。

1. 至少坚持 21 天按时早起

科学研究与生活事实证明，一个人只要坚持每天都认认真真地做某件事，21 天后，这件事就会成为这个人的习惯。当然，也有一些人可能 21 天还没能养成习惯，但是，再坚持下去，总会养成习惯，然后习惯成自然。

为什么连续 21 天以上，每天都按时起床，就能养成按时起床的习惯？因为每个人，无论大人还是小孩子，体内都有"生物钟"，当它习惯了，每天早上就能主动按时起床。事实上，一旦人体内"按时起床"这个"生物钟"形成了，你想不按时起床都不行。

2. 主动让家长监督自己养成习惯

看到大多数大人常常做不到按时起床，我们就能明白，要养成按时起床的习惯，是多么的不容易。坚持按时起床三五天可能做得到，但坚持 21 天以上，很可能就需要找别人督促自己了。如果我们要主动进行"连续 21 天，主动按时起床"的计划，以便让自己养成按时起床的习惯，我们可以向家长求助，让他们监督自己养成按时起床的习惯。

让家长帮助我们养成按时起床的习惯，其中很有效的一个方法就是，主动跟家长做一个约定，那就是在"按时起床"这个习惯养成之前，如果有一天的早上做不到按时起床，就受一次惩罚。为了避免受罚，我们一定能够坚持 21 天以上的自我按时起床，直至养成自己的习惯。至于输了怎么处罚自己，这一点上，可以选择你输了后的处罚，会令你很心疼、很难过或者有很大的损失。

3. 尽量早一点儿睡并设置好闹钟

早睡才能早起。作为学生，我们在管理时间的时候，不但要规划好我们的学习时间，也要安排好自己的休息时间，尤其是晚上睡觉的时间。其实这方面要说简单也很简单，那就是早睡早起。只要能早睡，基本上就能主动按时起床。

为了不麻烦家长们叫你起床，你可以在养成按时起床的习惯的过程中，将闹钟定好时间，让闹钟叫你起床。当然，如果你不喜欢闹钟的声音，也可以自己用智能手机设置好上面的闹钟功能，至于闹铃，可以用你喜欢的音乐，一到你预先设置好的起床时间，音乐就开始响起。

二、你就是穿个衣服，不用天长地久吧

　　早晨起床穿衣服，你需要花多长时间？

　　两分钟？五分钟？十分钟？想必大多数人的答案都不会超过十分钟了吧。但事实上，有很多孩子，花在早晨换衣服上的时间，总是远远超过十分钟的。别急着否认，你可以试着给自己计时，或者"采访"一下你周围的小伙伴们，你会发现，大家花在早上穿衣服上的时间，远比你想象得要多。

　　小宝树今年已经 8 岁，刚上二年级。最近让他父母很发愁的是，他每天早上总是爱赖床，他父母每次都要使尽"催、拉、哄、骗"等"功夫"，折腾大半天，才能把他弄起床。起床后，小宝树无论是洗脸还是刷牙，都磨磨蹭蹭的。眼看就快到该出门上学的时间了，他还没有把睡衣换掉。

　　在父母的催促和帮助下，他才不情不愿地把衣服换上，然后穿上袜子，穿好鞋子。如果父母不帮他穿衣服、穿袜子鞋子，他自己总是能穿很久。以前父母工作上都不怎么忙，所以还能帮忙，现在都忙起来了，知道必须要让小宝树自己戒掉起床、洗漱、穿衣等磨磨蹭蹭的坏习惯，要不然，就会耽误上学路上的时间，很容易迟到。

12 岁的芷晴以前穿衣服还是挺利索的，但最近她在出门上学前，在穿衣服这件事上，每天都会磨磨蹭蹭大半个小时甚至更长时间。她的父母很不明白，以前她不是每天早上穿衣服都很快的吗，现在怎么回事啊？很快父母就发现了问题所在。

原来芷晴每天早上在要穿哪套衣服去上学这个问题上，总是拿不定主意，换上了这套衣服，觉得不满意，于是又脱下来换上另一套，但还是觉得下一套会更好。就这样换来换去的，时间就一分一秒地溜走了。眼看着再不出门就要上学迟到了，芷晴才匆匆忙忙地换上一套衣服，穿好袜子鞋子，赶紧去上学。

图 3-3 穿衣服到底有多难

孩子的这种穿个衣服仿佛要穿到天长地久似的现象，其实很常见。之所以会出现这样的状况，通常来说有两种原因，一种就是像小宝树这样的，因为从小到大都有父母悉心照顾，已经习惯了"衣来伸

手，饭来张口"，一旦某天失去家长的"帮助"，自己就不知道应该怎么处理这些事情了。

其实，人在生活中的自理能力都是一步步锻炼出来的，没有谁天生就会做这些事情。如果我们已经习惯了依赖家长，那么就更应该赶紧努力，通过后天的学习和练习，一步步学会如何照顾自己。这个过程或许不是那么容易，但却是成长中非常重要的一步。

另一种则是像芷晴这样，已经到了爱美的年纪，希望自己能在穿衣打扮上更好看，所以就在不知不觉间把过多的时间都花费在了这方面，不是犹豫到底穿哪件衣服更好看，就是纠结哪条裤子和衣服更搭配。尤其是爱美的女孩子们，更是可以为了美丽来来回回地"折腾"，把穿一件衣服的时间拉长到了"天长地久"。

这种情况，其实不仅仅在未成年的女生里很常见，在长大成人后的女生里也很常见。几乎每一个处于青春期的女生，几乎所有还没有结婚的女生，都会在穿衣打扮上，磨磨蹭蹭几十分钟甚至两三个小时，然后才能出门。

当然，虽然这种情况很常见，但却不代表它是"正确"的、值得提倡的。爱美之心，人皆有之，这很正常，但我们每个人的时间都是非常有限的，如果把过多的时间投入到了"爱美"这件事上，必然会影响到我们的正常生活。

而且，即使投入了漫长的时间，在"爱美"这件事上，我们也未必就一定会有相应的收获。比如很多人，在犹犹豫豫挑挑拣拣之后，其实都会发现，最后自己最满意的，还是刚穿上身的第一件衣服。

所以，孩子们，别再磨磨蹭蹭，把时间浪费在穿衣服这样的小事上了。如果你无法控制自己的时间，那么不妨试试以下几个方法，相信一定会对你有所帮助的！

STEP1
尽早独立，摆脱依赖

STEP2
学习如何快速穿衣

STEP3
提前准备好要穿的衣服

图 3-4 怎样让"穿衣"快一点

1. 尽早独立，摆脱对家长的依赖

每个人的人生，都是从依赖家长或别人开始的。作为孩子的我们，从降临到这个世界上起，就受到了父母、长辈们的照顾，喂我们各种吃的喝的，让我们穿得暖暖的。当我们还无法自己动手吃饭、穿

衣时，依赖父母、长辈们喂我们吃，帮我们穿，这没什么。

但当我们越来越大时，甚至已经上学了，这时候就不能再什么事都依赖别人，而应该开始学习自己如何独立去做事。例如吃饭、穿衣服、洗漱、洗自己的衣服之类的事情，就应该自己亲自动手来做。这些事情迟早都要自己做的，越早做越好。即使父母、长辈们仍然愿意让你依赖，你也要主动地对他们说，你要自己来做。

2. 在家长帮助下学会自己快速穿衣服

作为孩子在很多事情上还远远无法和大人们比，所以即使是学习如何快速地穿衣服，这种在大人们看来是很简单的事情，我们也不要太着急。我们可以把学会自己快速地穿衣服定为一个目标，然后把这个目标分为多个小目标去一个接一个地实现。

先是让父母教你怎么穿衣服。让父母在旁边口头上指导我们学穿衣服，我们则按照父母的指导，自己动手穿衣服。我们要先从简单的衣服开始穿，然后是穿起来挺费工夫的衣服；先学会穿上半身的衣服，然后是学会穿下半身的衣服，再然后是穿全身的衣服。最后，学会穿袜子，然后是穿鞋子。学穿鞋子的时候，最关键的是学习如何系鞋带。这个同样需要父母、长辈们教我们。

当我们学会了穿衣服和鞋袜，就开始增加我们的熟练程度。越熟练，花的时间就会越少。我们穿衣服所需时间的目标，可以先定20分钟穿好衣服袜鞋。当达成这个目标后，再练习在15分钟内穿好。这个做到后，则练习在 10 分钟内穿好衣服袜鞋。然后，是 5 分钟内穿好。

当然，夏天的衣服，恐怕半分钟内就能穿好；冬天的衣服，则可能要 5 分钟才行。总之，不要在穿衣服这件事情上浪费我们太多的时间。而通过练习，我们是能做到用很短的时间，就穿好自己的衣服袜鞋的。

3. 前一天晚上就定好第二天穿的衣服

如果我们总是在好几套衣服，好几双袜子、鞋子上拿不定主意该怎么选择，就会耗费我们早上的时间。为了解决这个问题，我们不妨在前一天晚上就选定好第二天要穿的衣服、袜子、鞋子。这样，我们就不用第二天早上把时间用在这件事上，以免我们上学迟到。

三、学会整理，不在找东西上浪费时间

每一次家庭大扫除都像是一场"寻宝游戏"，沙发底下的发卡，书柜背后的钢笔，某本书里夹着的十元钞票，静静地躺在房间某个角落积灰的硬币……那些我们曾以为早已遗失的东西，那些我们曾花费许多时间去寻找，却遍寻不到的"宝物"，原来只是埋藏在了杂乱无章的东西中。

想一想，如果我们能够学会整理，懂得把每一件东西都放置在它应该放置的地方，那么我们将能节省下多少用于找东西的时间呀？我们不再需要每天翻箱倒柜，大声嚷嚷着："爸，妈，我的 XXX 放在哪里了？"也不再需要重复去购买同样的东西，却又在某天意外发现，它或者它们其实一直静静地待在房间或客厅的某个角落。

刚上初一的阿桂是个完全不懂整理的小男生，他的房间总是乱糟糟的。每两个星期，妈妈在扫除时都会把他的房间收拾得整整齐齐，但很快，阿桂就又会把东西乱扔乱放。以至于每天都能听到他大着嗓门喊：

"妈—妈—我的毛笔哪里去了？"

早晨
- 找要穿的衣服花了8分钟
- 找作业本花了5分钟
- 找橡皮擦花了10分钟，没找到

下午
- 找刚买的老师指定的辅导书花了30分钟，没找到
- 重新购买辅导书，整个过程花费1小时52分钟
- 找一块缺失的拼图花了25分钟，没找到

晚上
- 找第二天美术课要用的颜料，花了18分钟

图 3-5 阿桂一天"找东西"花费的时间

"妈—妈—我的班服呢，就那个画着大拇指的 T 恤？"

"妈—妈—我前两天买的练习册找不见了！"

……

很多时候，他找呀找，花了很多时间都找不到，于是就只能再去买新的。而等妈妈有空帮他收拾房间时，总会发现许多重复购买的东西：同样款式的橡皮擦，几乎没怎么用过的钢笔，做了一半、甚至是还没开封的练习册……

突然有一天，阿桂心血来潮，决定算一算，他每天花在找东西上的时间究竟有多少。这一记录吓了阿桂一大跳。

这还仅仅只是随机记录的一天，阿桂就因为找东西这件事花费了将近三个半小时的时间，而且还有一部分时间完全是做了"无用功"，时间花了，东西却依旧没找到。

这是多么可怕的事情呀！仅仅因为不会整理，总是随意放置自己的东西，我们的时间就这样悄无声息地流逝了。而且，能够找到已是庆幸，还有更多时候，我们浪费了时间，却依然找不到东西，最后只能又一次地浪费金钱，为我们的杂乱无章付出代价。

所以，孩子，别再把时间和金钱浪费在找东西上了！学会整理，让身边的一切都变得井井有条，你会发现，当一切东西都尽在掌握时，你的生活将远离"兵荒马乱"。

下面是一套简单、高效、实用的整理步骤与方法，希望能够帮助"整理菜鸟"的你学会整理。

第一步，清点你所有的东西，不要的都扔掉

我们第一次整理的时候，一定要把所有东西都盘点一遍，然后把不要的东西都找出来，送人或者送去垃圾桶。在整理所有东西的过程中，你一定会有很多生活感悟。

例如，你会发现自己居然有一些东西，你从来没用过；有一些东西，你买了不止一件；有一些东西，你一直找不到，现在居然找到了……

当你把属于你自己的所有东西都整理一遍后，你就能对自己的东西有一个全局的了解，有利于你接下来的分类、摆放与收纳。

第二步，把你所有的东西，好好地进行分类

分类的目的，就是为了让你自己取用方便，用完后也方便放回，下次取用时也能毫不费时费力。分类的标准可以自己制定，也可以让家长帮助自己制定。当然，你也可以按照孩子们常见的分类整理方法来分类。

对于孩子们来说，把自己的东西分类，往往可以分为四大类：学习类、穿着类、玩具类、其他类。

学习类，包括所有与学习相关的东西，例如教科书、辅导参考书、课外书籍、练习册等，以及所有的文具。如果家里有条件，不妨购买一个书架，然后就可以把与学习相关的所有东西，分门别类放在书架不同的层上。

穿着类，包括所有与你穿着打扮有关的东西，例如所有衣服、鞋子、袜子、帽子，以及背包、提包之类。衣服可以按照上衣、裤子、袜子等类别放置于衣柜中，鞋子可以收纳在鞋柜里，帽子则可以和书包、背包、提包等一起放置。

玩具类，顾名思义，就是所有的玩具。那些你喜欢抱着玩、抱着坐、抱着睡的玩具，可以放在床上、椅子上或者沙发上；部分玩具可以放在书架上；部分玩具可以放在书桌上……总之，固定一些地方来摆放就好。

其他类，不属于上述三大类的东西，你可以放在固定的某个地方，或某几个地方，这样也很方便你取用与放回。

第三步，当季用不上的东西，先收纳起来存放好

有一些东西是当下和未来一段时间都暂时用不上的，比如与季节不符的衣服，已经学习过的课本、学习资料等。这些东西就可以先暂时收纳起来，存放在固定的地方，以后需要用到时也能够立刻找到。

最后，请小伙伴们一定要牢记整理的最大原则——好收好拿好放回。即：一要方便取用；二要方便放回；三要保证下次取用时依然很方便。

四、制定日常时间表，咱也来照章办事

在生活中，有很多人，包括孩子和大人，似乎都觉得迟到不过是件小事，迟到几分钟也并不会造成多大影响。但事实上，迟到可不像我们所以为的那样"无所谓"。

对于学生来说，迟到不仅会影响到别人，同时也会影响到自己。一个学生迟到了，必然会影响到老师的讲课和同学们的听课，让大家都分神；而对于迟到的学生本人来说，想进入认真听课的状态也很难，甚至一整天的听课质量都可能大受影响。

更可怕的是，养成长期迟到习惯的孩子，通常都是不自律、时间观念很差的人。这样的孩子，往往会成为一事无成的人。因为任何人想要做成一件事，不管是想考试获得好成绩，还是想在工作上有出色的成就，都必须首先要自律，要懂得管理好自己的时间。甚至可以说，我们在社会上生存，学会自律和时间管理，都是最基本的要求。

琳琳今年11岁，在家长、邻居们的眼里，她一直是一个懂事乖巧的孩子。但是，就在前几天，她的班主任突然联系到琳琳的爸爸，告诉他琳琳最近经常上学迟到，仅过去的这一周，她就已经迟到了三回。

其实，琳琳并不是最近才开始经常上学迟到的，这个学期开学以来，她在早上上学时，就时不时会迟到。老师之前就已经数次批评和提醒过琳琳，但琳琳却似乎并没有把这个问题放在心上。

从班主任那里得知了琳琳的情况后，爸爸便问她，为什么最近上学经常会迟到，每天早上不是都挺早出门的吗？琳琳说，每天早上自己往学校走的时候，看到一群老奶奶在跳广场舞，她以为时间还有很多，所以就站在那里看她们跳舞。看了一会儿后，她再往学校走，没想到来到学校的时候，就已经迟到了。

其实，琳琳不仅是上学的时候经常会迟到，周末或者假期的时候，小伙伴们约她出去玩，她也经常不守时，甚至在做作业上，也经常拖拖拉拉，时间观念很差，没有一种紧迫感。

像琳琳这样时间观念比较差、不懂得管理时间、很不自律的孩子，其实并不在少数。事实上，没有哪个孩子是一开始就时间观念很强，能够懂得管理自己的时间，能很自律的。任何一个时间观念比较强、懂得管理自己的时间、自律的孩子，往往都是需要经过锻炼的。

其实，作为一个孩子，时间观念比较弱，自律性比较差，既有父母的责任，也有孩子自身的责任。作为孩子的我们，如果还没有上学，时间观念薄弱、自律性差，可能影响还不太大。但是，如果我们已经成为了一名学生，时间观念依然很弱、还很不自律，就很容易出大问题。比如最容易产生的问题，就是刚才说到的，上学迟到、参加活动迟到、与他人约定了时间却迟到，以及做作业时拖拖拉拉，不按时交作业，等等。

为什么有的孩子经常会迟到呢？明明只需要提前几分钟，为什

么就这么难？其实说到底，一个人经常会迟到，最主要的原因就在于他缺乏时间观念、没有养成规划时间的习惯。并且他也从未因迟到、拖拉和不守时等坏习惯而受到过相应的惩罚，所以在这样的人看来，迟到没什么大不了。而要解决这些问题，最有效的方法是——制定"日常时间表"。

"日常时间表"是一种对孩子学习和生活的时间管理进行训练的表格，类似于大人们的"工作日程表"。学习制定"日常时间表"，能够更好地帮助我们更清楚地了解自己的日程安排，知道自己在未来的一段时间里，每一天都需要做哪些事情，从而进行更好的安排。

一周作息时间安排计划表					
计划安排	星期一	星期二	星期三	星期四	星期五
起床					
上课					
午餐					
午休					
上课					
晚餐					
作业					
复习和预习					
娱乐					
睡觉					
完成项目打"√"，未完成项目打"×"					

图 3-6　一周作息时间安排计划表

使用"日常时间表"不仅能帮助我们养成良好的生活、学习习惯，还能更好地管理和掌握自己的时间，而不是让时间赶着自己走，从而获得更多的安全感与自信心。

那么，我们究竟该如何利用"日常时间表"来让自己学会时间管理，成为自律的人呢？具体有以下4步。

1. 列出自己具体要做的事情

最好是每个星期天的时候，能列出下一周从周一到周日要做的事情。每一天晚上的时候，能列出第二天要做的事情。但凡是要做的事情，无论是大事还是小事，都找纸和笔，一件一件地列下来。

2. 对列出来的所有要做的事情，按照重要性进行排序

也就是说，哪一件事是首先要做的？如果只能做一件事，这件事会是哪一件？把这件事挑出来后，接着挑第二件你必须要做的事；然后是第三件……依此类推。

3. 注明完成每件事情大概需要的时间，并且给每件事情都设置好最后的完成时间

例如，明天你要完成5件事，第一件事必须在明天中午12点前完成；第二件事必须在明天中午13点前完成……诸如此类。

4. 把"日常时间表"摆在最显眼的地方，让自己随时都能看到

比如，把"日常时间表"写一份到卡片上，放在笔盒里，放在上衣口袋里，作为书签或者轻轻粘在书桌上。这样可以经常提醒自己，在哪个时间点前必须把哪件事完成。

五、给假期时间定规划，就算放假也别太放纵了

对艰苦的"学生党"来说，无涯学海中唯一的甜大概就是寒假和暑假了。两个大长假一来，我们就恨不得化身脱缰的哈士奇，把日子过得只剩一个字——浪！

然而，理想与现实之间永远都存在着巨大的鸿沟。作为一名优秀的学生，哪怕不用按时按点地去学校报到，我们也必须安排好自己的时间，控制好那颗蠢蠢欲动的心，将宝贵的假期时间都利用起来，放松身心的同时也要避免过度放纵，让自己拥有一个充实、快乐、有意义的假期。

毕竟——假期结束以后，我们还得继续面对学习的"修罗场"，过分的放纵只会带给我们更多的"苦难"，以及随时被后来者超越的危机。

更何况，从那些养成了善于管理时间并拥有自律习惯的优秀学生身上可以看到，利用假期，尤其是暑假，来进行时间管理与自律性

的锻炼，往往更能取得良好的成果。因为暑假通常比寒假时间要更长，更能让我们看到自己在时间管理方面的不足。

那么，关于假期的时间，我们应该如何管理和规划呢？

在回答这个问题之前，我们首先要明确，有几件事，是身为"学生党"的我们在假期中必须要完成的。

一是认真完成假期作业。这是一个"学生党"最起码的"本职工作"。

二是每天都要安排时间锻炼身体。身体是学习的本钱，只有拥有了健康的体魄，才能扛得起学习的大旗。所以，在假期里，一定要保证每天至少安排一个小时进行身体锻炼。如果担心自己坚持不下来，那么就和小伙伴约一约吧！

图 3-7　假期生活必做的五件事

三是每天都应进行课外阅读。知识的积累是一个需要长期坚持的过程，仅仅只靠课堂时间是远远不够的。更重要的是，课外阅读能够开拓我们的眼界，提升我们的文化素养，这是按部就班的学习无法带给我们的。

四是利用假期发展兴趣爱好。每个孩子都应该有自己的兴趣爱好，只懂得学习的人是无法成长为真正优秀的人才的。所以，不妨利用假期开拓一下自己的兴趣爱好，例如摄影、绘画、书法、下棋等，都是非常不错的选择。

五是每天都做一些力所能及的家务活。德、智、体、美、劳全面发展的学生才是好学生。所以，在假期里，不妨学着做一些力所能

时间计划表

时间	日程安排事项	完成情况
7:00-7:30	起床、洗漱、吃早饭	
7:30-8:00	晨读，背《唐诗三百首》里的两首	
8:00-11:30	做假期作业，每做50分钟，休息10分钟	
11:30-14:00	吃午饭，看电视，午休	
14:00-16:00	读《契诃夫短篇小说集》	
16:00-18:00	做假期作业，期间要是累了可以短暂休息	
18:00-19:30	吃晚饭，做家务	
19:30-21:00	到小区篮球场打篮球	
21:00-22:00	回家洗澡	
22:00-22:30	总结今天，规划明天	
22:30-23:00	洗漱、睡觉	

图 3-8　假期时间计划表

及的家务活吧，比如洗碗、洗菜、扫地、洗衣服等，好好锻炼独立生活的能力。

明确这五件事之后，我们就可以来为自己的假期生活做一份清晰条理、简单实用的"时间表"啦！

下面是一位非常善于管理自己时间的学生在暑假里某一天的"时间表"，大家可以参考学习一下，然后好好想一想，如何能更有效地规划自己的时间，并做出更适合自己的"时间表"。

需要注意的是，在给自己的假期定规划时，为了能够更顺利地适应假期前后生活状态的差异，我们不妨把假期划分为 3 个阶段。

第一阶段，调整好自己

用放假后的第一周时间调整一下自己，因为你刚从紧张的学习与考试状态中抽出身来，这个阶段，你需要的是休整和恢复。这一阶段，不妨让家长带你去远方旅游、周边郊游或者到繁华地段逛逛街、看看电影等，让自己从压力中彻底释放出来，让身体获得愉悦。

第二阶段，让自己成长

这一阶段主要是规划好每天的时间，让自己按老师的要求认真完成假期作业；锻炼身体；进行课外阅读；发展有意义的兴趣爱好；做力所能及的家务活。这一阶段的关键在于，让自己成为越来越善于管理自己时间的自律的孩子。

第三阶段，让自己收心

这一阶段，是距离开学还有三五天时间的这一段。在几天时间里，我们要逐渐从假期向开学过渡。在这个阶段，我们要检查一下假期作业是不是已经完成了；要开始调整每天的作息时间，迎接开学的到来。

为了迎接新学期的到来，该准备的物品都提前准备好，该规划好的时间要规划好，该预习的功课要提前预习好。做好了充分的准备，就能从假期里收心，与新学期"无缝对接"。

第四课　戒了吧！拖延症

——每天拖延点滴，十年后你和小伙伴相差万里

一、你不是性子慢，你只是爱拖延

常常听到很多家长抱怨："我家孩子哪里都好，就是性子慢，做事情拖拖拉拉的……"然而，事实上，很多孩子做事拖拖拉拉，并非因为他天生"性子慢"，只是因为他"爱拖延"罢了。

刚上小学五年级的楚慧，晚上经常要磨磨蹭蹭、拖拖拉拉到 11 点多甚至 12 点多，才会把老师布置的家庭作业做完。

刚开始时，妈妈以为是老师给她布置的作业太多了。但经过了解才知道，其实老师布置的家庭作业挺合理的，只要认认真真地去做，最多超不过两个小时就能完成。

可是，为什么楚慧晚上做作业时，经常做到很晚呢？难道是因为她性子慢，写字的速度慢，思考问题的速度慢，所以造成了写作业的速度就慢吗？于是妈妈开始留意楚慧晚上做作业的整个过程。

不看不知道，一看吓一跳。楚慧性子并不慢，写字速度也不慢，之所以总是要花一整个晚上才能勉强做完家庭作业，完全是因为她在做作业的过程中，精力完全不集中，非常不专注，总是开小差。

例如，在写着作业的时候，她突然会转一会儿笔；又写了一会儿，突然又站起来，去冰箱里找饮料喝；坐回书桌前，喝完饮料，又开始写作业；结果写了一小会儿，她又从抽屉里拿出薯片，吃了

起来……

就这样，一边写作业，一边各种小动作不停；写一会儿作业，又干一会儿别的事情……这根本就不是性子慢造成了写作业总是写到很晚的原因，而是因为各种分散注意力的事，让她大大拖延了作业完成的时间。

不少孩子在做家庭作业时，都会和楚慧一样，注意力分散，一会儿被这个吸引，一会儿又被那个吸引。所以，很多时候，老师布置的作业其实并不算多，但孩子却总是不能按时完成，尤其是没有家长在旁边监督的时候，孩子们浪费掉的时间也就越发多了。

图 4-1　到底是"性子慢"还是"开小差"？

如果不好好观察和了解整个过程，很多家长大概还以为孩子是因为作业太多，或者本身"性子慢"，所以才总是无法按时完成作业。殊不知，很多时候，孩子只是因为无法集中精力，不断开小差，被各种各样的事情分散了注意力，所以才迟迟无法提高做事的效率。简单来说，就是你的孩子患上"拖延症"了！

如果父母不注意这一点，只是单纯地把孩子"性子慢"挂在嘴边，并以此来为孩子"开脱"，那么孩子也很难会认识到自身存在的问题，甚至可能因为受到父母的影响，把"性子慢"当成拖延的"借口"，心安理得地继续保持这种坏习惯。很显然，这对孩子的未来与成长都是有巨大危害的。

所以，应该好好反省一下，自己做事效率低，到底是因为所谓"慢性子"，还是"爱拖延"呢？慢性子的人因为受到自身性格的影响，在做事时往往会比较慢，但同时也会比较仔细。而如果是爱拖延的人，则往往是把事情不断往后压，迟迟不去处理，以至于事情完成的时间被不断延长。

行为心理学上认为，拖延症是在能预料后果有害的情况下，依然把计划要做的事情往后推的一种行为。无论大人还是孩子，都会有拖延症。拖延症对学习、工作、生活都有害。对于孩子来说，拖延症会在我们内心产生强烈的负罪感，令我们不断否定自我，消减自信心，阻碍人格的健康成长。

而慢性子的人，做事有自己的节奏，可能在某些事情上的完成时间要比别人多，但他们的做事质量却很可能比别人好。所以，拖延与慢性子的人是不一样的。

很多孩子之所以做事喜欢拖延，是因为缺乏明确的时间观念，不懂得珍惜时间，更没有养成规划和管理好自己时间的好习惯。

而从心理学角度看，无论孩子还是大人，拖延的主要原因，其实都是心理上出了问题。主要的问题是畏难心理、完美主义与动力缺失。比如有些孩子在上课时没听懂，结果课后写作业时遇到了难题，就会产生畏惧心理，又不愿意向老师求助，于是就不断拖延，不肯去做题。

再比如有的孩子，因为有着过度的完美主义，所以在认为做某件事的充分必要条件还不足够时，就总是不愿迈出第一步，结果最后却把事情都耽误了。

图 4-2 "舒尔特训练法"

还有一些孩子，他们之所以迟迟不肯去做某件事，不是因为做不到，而是因为不想做，内心没有强烈想去做的动力，也就是我们说的"动力缺失"。越不想做，就越不愿意去行动，然后就越是拖延。

那么，我们要怎样才能解决拖延症的问题呢？

1. 养成"设置截止时间"的习惯，远离拖延

无论是大人还是孩子，任何一位时间管理高手，都习惯于用设置最后期限、截止日期来给自己压力，并化压力为动力，促使自己又快又好地完成一件事情，而绝不会拖延。这方面的内容，后面的章节还有详细内容，这里先不深入讨论。

2. 运用"舒尔特训练法"提升注意力

作为孩子，我们的拖延症与注意力不集中有着很大的关系。要迅速提升注意力，采用"舒尔特训练法"会很有效。具体方法就是，找来一张 A4 打印纸，在上面画 25 个大小一致的方格，然后在方格里随机填上 1~25 数字。你不妨在网上找出更详细的操作方法，同时让家长帮助你去做这个训练。相信训练一段时间后，你的注意力会有显著提升。

3. 利用"任务重组法"克服拖延症

作为心理学层面的一个策略，"任务重组法"能帮助孩子有效地克服拖延症。具体做法是，将某个我们畏惧的目标缩小或分解，使其看起来自己能迅速完成。例如，半个小时内做完 10 道数学题，我们感觉可能完不成，结果就因为畏难而迟迟没敢去做，或者拖拖拉拉地

做。但"任务重组",重新设定的目标是"半个小时内做完5道数学题",我们会迅速有信心去完成它。

二、能一次做完的事,为什么非要分两次做呢?

很多孩子都读过《曹刿论战》。文中有这样一句名言:"一鼓作气,再而衰,三而竭。"意思就是说,做事情的时候,第一次往往是最有动力的;如果中途暂停了,那么第二次再重新开始的时候,气势就不如之前了;假如再被打断,那么第三次重新开始时,往往就没有多少动力和心思再去做这件事了。

确实如此,人的时间与精力都是有限的,一件事情如果你需要花费大量重复性的劳动去完成,到最后你浪费的不仅是自己的时间,还有自己的生命。而这也正是拖延症给我们带来的巨大危害之一。

亮亮刚上初中二年级,他有个特别不好的习惯,就是做事爱拖延。不管做什么事情,他总是拖拖拉拉的,原本一次就能做完的事情,总要分两次、三次甚至更多次去做。结果,许多本来很简单的事,却因为他的断断续续、拖拖拉拉,总要做很久才能勉强完成。这样的坏习惯所造成的结果就是,别人花一小时能完成的事,亮亮总要花四五个小时甚至五六个小时才能完成。

比如有一次,语文老师布置了一项家庭作业,就是让同学们回家后写一篇 800 字左右的作文，第二天到学校后交上来。

这样的一项家庭作业，如果放到语文考试里，可能给考生的时间也就是 40~50 分钟去完成。即使时间宽裕，不需要这么紧张，但只要能集中精力，专心致志地去做，再怎么样也不会超过两个小时吧？可是亮亮呢，居然用了整整一个晚上，才勉强在睡前把这篇作文完成。

为什么会这样呢？让我们一起来回顾一下亮亮回家之后的行动吧！

放学回家后，距离吃晚饭还有很长一段时间，但亮亮并没有准备用这段时间来完成作业，而是斜躺在沙发上，一边看电视，一边吃零食，等着妈妈做饭。

吃完晚饭后，休息了一会儿，亮亮终于坐到书桌前准备开始写作文了。可是，到底写什么呢？亮亮一边思考，一边拨弄手边的玩具车，随后又翻了翻书架上的杂志，时间不知不觉就过去了半小时，亮亮还没开始动笔。

终于想好了要写什么内容以后，亮亮开始动笔了。写完一段之后，亮亮就已经有些坐不住了，于是慢吞吞走出房间，从冰箱里拿了一罐酸奶，一边喝一边注意着妈妈在看的电视上播放的内容。

等喝完酸奶之后，时间差不多又过去了半小时，亮亮再次拿起笔，因为已经记不清楚前头到底写了些什么，于是亮亮又花几分钟把之前写的内容读了一遍，在心里重新捋了捋思路，这才继续动笔。

写了没多一会儿，亮亮突然想起来，刚才翻杂志的时候，看到

一个特别喜欢的玩具车，那个玩具车和前几天在路上见到的一辆车特别像，是什么样子来着？于是，亮亮又一次放下笔，开始翻找刚才看的杂志……

就这样，亮亮一直写写停停，不是开会儿小差，就是起来去干点什么，硬是拖拖拉拉，花了将近 4 个小时，才勉强完成了这篇仅有 800 字的作文。

瞧，时间就是这样被一点点浪费掉的，明明可以一鼓作气，花费很少的时间就能把事情做完。可偏偏他却因为精力不集中，一会儿想这个，一会儿干那个，硬生生把时间浪费在了这些"无用功"上。

其实，不管是大人还是孩子，很多人做事都有和亮亮一样的毛病，因为在做事的过程中，无法由始至终都专注，总是容易分心，所以把明明能够一次做完的事，分成了两次甚至更多次才能完成，以至于浪费了大量的时间。

这就是为什么明明我们每个人一天所拥有的时间都是 24 小时，有的人却能游刃有余，获得优异成绩的同时，还有许多时间去经营其他事情；而有的人却总是疲于奔命，就连完成最基本的家庭作业，似乎都非常困难。说到底，还是因为前者通常都能够管理好自己的时间，无论做任何事情都不拖延，能一次做完的事，绝对不会拖到两次、三次；而后者则恰恰相反，不仅不能规划和管理自己的时间，而且在做事时也容易分心，把时间白白浪费在了许多不必要的地方。

试想一下，如果大多数人都要花 2 个小时才能做完的事情，你花 1 个小时就做完、并且做得很好，那么你显然就仿佛拥有了比别人更多的时间一样。但如果你要花3个小时甚至更多的时间才能做完，那么会觉得时间总是不够用，也就再正常不过了。

所以，孩子，如果不想总是疲于奔命，那么就一定要战胜"拖延"，努力让自己成为"能一次做完的事，就一口气做完，一次性做好"的人。只有在学习和生活中持有这种态度，我们才能在收获优异成绩的同时，依然能够拥有丰富多彩的兴趣和爱好，将来也才有可能取得耀眼的成就。

理清思路，先动脑，后动手

目标明确，够专注，不分心

拒绝拖延，设时限，保质量

图4-3 一鼓作气，达成目标

那么，怎么样才能把事情一次做完，而不会分两次甚至多次呢？其实只要做到下面这几点就行了。

1. 理清思路，先动脑，后动手

俗话说："磨刀不误砍柴工。"在做一件事情前，我们要想好怎么

去做才能更高效，这样能更省时而又保证质量。作为学生，同样如此，先动脑想好了，然后动手马上做，直到做完为止。

2. 目标明确，够专注，不分心

明确我们要做的事情是什么，要达成什么样的目标，做出什么样的结果，完成什么样的任务。搞清楚了这些以后，把所有注意力都集中到如何去完成这个目标上去，足够专注，绝不分心，就一定不会拖延，而是能充分利用好时间，高效完成任务。

3. 拒绝拖延，设时限，保质量

帮助我们绝不拖延的方法里，设置最后完成期限，是最有效的方法之一。当有了完成目标的最后完成时间后，我们当然会增加不少压力，但适当的压力，会转化为动力，更能让我们排除干扰，直到事情保质保量完成为止。

三、大人越说你越慢，你的逆反害了谁

曾在电视上看到过一个采访对话。有记者在大街上随机采访一些家长，问他们："请问，你最不满意自己孩子的是什么?"很多家长

的第一个回答都是"磨磨蹭蹭，拖拖拉拉"。

作为孩子的你，看到这样的答案，会不会有些意外？你是不是也经常磨蹭、拖拉？对于做事磨磨蹭蹭、拖拖拉拉的你，你的家长是不是也有些嫌弃与头疼？

这是很多家里有孩子的家庭里常常会出现的场景——

场景一：某个应该早上7点钟起床的孩子，却赖在床上迟迟不愿意起床。孩子的妈妈从7点钟开始，就先是催着孩子起床，后来发展到吼着孩子起床，结果孩子被催了吼了半个多小时，依然在被窝里！孩子的妈妈气得真想接一盆冷水，朝孩子的头泼下去！最后实在没办法，只好怒气冲冲地直接动手，把孩子从床上拖起来。

场景二：孩子在晚上写作业的时候，总是坐不住，在书桌前待一会儿，就会站起来，去干点别的事儿。比如，写一会儿作业，就去上个厕所；写一会儿作业，就去倒一杯水喝；写一会儿作业，就说胃有点不舒服，然后站起来伸伸懒腰，走动走动；写一会儿作业，就说腿上痒痒，肯定是被蚊子咬了，要涂点花露水；写一会儿作业，又跑去吃点饼干……家长越说，孩子越不听，气得家长恨不得直接上手，揍他一顿。

场景三：晚上吃饭的时候，孩子总是不好好吃饭，而是边吃饭边玩，或者边吃饭边走神，不知道在想什么，碗里的饭菜都已经凉了，也没见这个孩子吃两口。家长催了好几次，让孩子赶紧好好吃饭，可孩子呢，却总是装聋作哑，不管家长怎么说，都依然是磨磨蹭蹭，拖拖拉拉。

面对着不管做什么事都磨磨蹭蹭、拖拖拉拉的孩子，恐怕没有哪个家长是不上火的。更重要的是，这样的坏习惯对孩子的学习和生活都有着巨大的影响，尤其是将来步入社会之后，面对激烈的竞争，如果孩子不能改掉这种拖延的坏习惯，又怎么在社会上立足呢？

可偏偏在这件事情上，很多家长都是束手无策。不教育孩子，又担心着他们的未来；可如果教育孩子，又容易激发他们的逆反心理，越是教训他们，他们就越是会故意表现得拖拉散漫，以此来和家长作对。

《人民日报》曾在其官方微博上发起过这样的话题讨论："被动废人群，是你吗？"什么是"被动废"呢？被动废，意思是指本来很主动且愿意干的事情，一旦被催促，就会立马出现从身体到心灵全方位的抗拒。

图 4-4　孩子的逆反心理

这种"被动废"表现在学习与生活的方方面面。有人用系列漫画的方式，生动地刻画了这类人群的形象。这类人群的内心独白主要是："催吧催吧！越催越慢！不想起床！不想做作业！不想听你讲！"

　　有"被动废"逆反心理的孩子，大人越说他（她），他（她）就越往相反的方向去做。比如早上设定了闹钟，闹钟响了后，本来想赖床3分钟然后就起床的，结果一听到妈妈的催促声，反而就想赖床不愿意起床了。又比如，爸爸催促孩子去做某件事，可越是催促，孩子就越不想去做这件事。

　　再比如，自己已经做好了计划，大概几点开始做作业。可快到时间的时候，听到家长一催促，立马心里就开始抗拒，不愿意去做作业了，甚至可能故意拖延，放弃自己原本的计划，只是为了"不按照父母的意愿行事"。

　　这样的逆反心理其实真的很可笑，如果你的逆反行为，是为了实现自己思想的独立与自由，不想被父母所"摆布"，那么为了这样的目的，轻易就打破自己制订的计划，甚至为了和父母作对，故意去做自己原本并不想做的事情，这样的行为真的"自由"和"独立"吗？这难道不是另一种"摆布"吗？更重要的是，你的逆反所带来的恶果，最终只会落到你自己的头上，这样的行为，难道不愚蠢吗？

　　所以，赶紧收起你的逆反心理吧，别为了这种幼稚的"反抗行为"掉进拖延的陷阱里。如果你已经掉了进去，那么就从下面这几点开始做起，赶快挣脱拖延的泥淖吧！

图 4-5　如何战胜拖延

1. 多与家长沟通，把自己的委屈告诉他们

　　作为孩子的我们，在有些事情上，大人越让我们去做什么，我们越不去做什么。之所以会这样做，从心理学上看当然是因为我们的逆反心理在作怪，但其实更深一层，是我们想用拖延的方式，来对抗我们的家长，以表达我们的不满。其实，孩子只要多与家长沟通，主动把自己的委屈告诉家长，相信家长会理解你，让你不再反感他们的。

2. 正确认识磨蹭与拖延对自己以及他人的危害

　　作为学生的我们，经常磨蹭、拖延，主要是浪费了自己的时间，而浪费时间就等于浪费生命。我们应该多了解磨蹭与拖延的危害，这样我们才能珍惜自己的时间，也尽可能不对他人造成伤害。

3. 培养时间管理能力，克服磨蹭与拖延

想要"治好"我们磨磨蹭蹭、拖拖拉拉的"拖延症"，就必须培养好我们时间管理的能力。本书正是为了帮助我们更好地管理自己的时间而著，所以，很多章节都有详细的操作方法，能让我们又快又好地克服我们的磨蹭与拖延。

四、无规矩不成方圆，在完成时间上给自己立界限

俗话说："无规矩不成方圆。"很多时候，我们做一件事时，之所以总是无法按照计划去完成，就是因为没有设立界限，给自己足够的压力。如果压力足够，那么就能让我们变压力为动力，争分夺秒地去完成我们的目标和任务，从而战胜拖延。

小丰今年刚上初中一年级，在学习和生活上，他都有一个毛病，让父母头痛不已，那就是拖延。比如做作业的时候，小丰就总是习惯能拖则拖，一直拖到最后一刻，才手忙脚乱地开始写作业。

就说去年寒假的时候吧，小丰每天不是和小伙伴们去玩耍，就

是在家里抱着平板电脑玩游戏，看动画片，变着法子地休闲玩乐。至于老师布置的寒假作业？大概早就被他抛诸脑后了！

父母因为要上班，所以也不可能天天在身边盯着他，至于爷爷奶奶、外公外婆，因为距离比较远，也不可能管着他，偶尔见上一次，更是心疼得不行，哪舍得教训他什么。而且，小丰年纪也不小了，家里人都觉得，他都已经上初中了，没必要再像从前那样，什么事都千叮咛万嘱咐的。

结果，寒假都过去一半了，小丰不但还没有开始复习功课，预习下一学期的新课程，甚至就连必须要完成的寒假作业都还没有动笔。

等临近春节，父母终于放假的时候，总算有人开始催促小丰去做作业了。可是，无论父母怎么催，小丰却总有这样那样的借口，一直拖延着不去做作业。

春节过后，眼看离开学的日子越来越近，在父母的一再催促和要求下，小丰这才磨磨蹭蹭、拖拖拉拉地开始做起了作业。

对待寒假作业都如此拖延和敷衍，小丰的学习成绩当然也好不到哪里去。对于小丰整天只知道玩，对待学习总是一副应付、拖延的态度，父母感到非常焦虑，可却又不知该如何是好。

小丰的同学兼邻居小雅，与小丰就形成了鲜明的对比。无论是学习上还是生活里的时间，小雅都给自己规划得非常好。上学的时候，小雅每天都会按时出门，从不磨磨蹭蹭、拖拖拉拉。每天的作业，她总会很快就完成了。因此，她也有充足的时间，去复习功课和预习新内容。

寒假开始后，她给自己安排了丰富多样的事情去做，大多数都是有益身心或者有益于学习成长的。至于寒假作业，她更是给自己安排好一些时间，早早地提前完成了。所以，寒假结束的时候，小雅不但度过了一个快乐的春节，还在很多方面都收获了很多，成长了很多。

小雅妈妈和小丰妈妈是同事，经常有来往。小雅的一举一动，小丰妈妈一直都看在眼里，于是，她便替小丰向小雅请教。小雅说，自己靠的主要就是时间管理。要想把自己的时间高效利用起来，在做事时，就必须给自己立下一些时间使用上的规矩与界限。

为了"治好"小丰磨磨蹭蹭、拖拖拉拉、不爱学习的"坏毛病"，小丰妈妈答应小丰，只要他肯好好向小雅学习，做好时间管理，把成绩提升上去，就给他买他一直很想要的那套玩具。

最后，在玩具的刺激和爸爸妈妈的激励下，小丰真的逐渐克服了磨磨蹭蹭、拖拖拉拉的坏毛病，越来越不拖延了，并且在时间的利用上也越来越高效。初中一年级第二学期，小丰的成绩有了大幅度的提升。

小丰能够一步步转变自己，逐渐"治好"自己的"拖延症"，靠的自然也是科学的时间管理。而时间管理的关键，其实就是懂得给自己定规矩，立界限。这些同样也是像小雅一样学习成绩优异的学生们在时间管理方面的秘诀之一。

所谓在时间上定规矩和立界限，其核心实际上就在于学会设置

截止时间。简单来说就是，在做任何一件事情之前，都要先给自己设置好一个最后期限、截止日期，并设置一定的奖惩制度，以此来督促我们战胜拖延，把时间高效地利用起来，以便能在最后界限之前将事情圆满完成。

那么，我们具体该怎样去做呢？下面几个要点想必能够提供一些帮助。

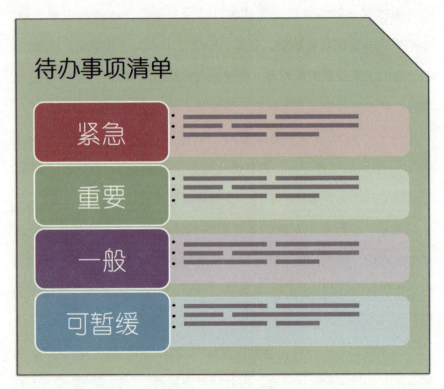

图 4-6 "待办清单"

1. 列出"待办清单"

　　这个方法我们已经不止一次提到，就不详述了。其实就是把某一个阶段（如某个假期、某周、某天）里所有要去完成的事都一一列下来，然后按照轻重缓急顺序重排一下，最后从最重要、最紧急的事情开始做起。

2. 设置"截止时间"

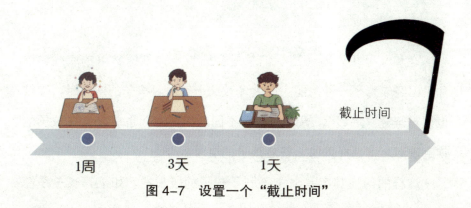

截止时间

1周　　3天　　1天

图4-7　设置一个"截止时间"

　　给"待办清单"上的每一件必须要做的事情，都设置一个最后完成的时间。例如，寒假作业 X 月 X 日前完成。当所有计划要完成的事情都设置完截止时间后，你就应该马上开始去一件一件地完成好"待办清单"的事，一定要让每件事情，都在截止时间前完成。

3. 设置"半截止时间"

对于有些用时比较长的目标、任务，可以设置一个"半截止时间"，然后让父母或者身边的某个人来监督、提醒自己。这样对解决拖延症、建立我们的时间观念会特别有效。

五、有了规矩就照办，别和家长讨价还价

在和父母相处时，孩子们总是会一步步去试探父母的底线，这几乎已经成为了一种本能。而大多数父母在面对孩子的撒娇时，往往也很难坚守"底线"，原本一开始不同意的要求，也总是会在孩子的软磨硬泡之下选择妥协，答应孩子的要求。

这样的习惯其实是非常不利于孩子的成长的，如果家长总是能被孩子"说服"，那么就可能会给孩子一种信号，让他们认为，无论什么事情，只要讨价还价，就能达到自己的目的。这样的想法显然会进一步助长孩子们的"拖延"问题，毕竟讨价还价本身就是一件特别耗费时间的事情，而讨价还价的时间越久，原本该做的事情就会被拖延得越久。

茜茜今年5岁，平时挺听大人的话，但她却有个毛病，那就是特别喜欢和家长讨价还价，每次妈妈叫她去做点什么事，她都会提出

各种条件，非要妈妈答应，她才肯乖乖去做事。例如，每次妈妈让她去洗澡，她都会跟妈妈讨价还价说，让她洗澡，必须要先让吃五片薯片。刚开始的时候，妈妈为了省心，就同意了茜茜的要求，结果没想到，那之后，每次要洗澡的时候，茜茜都会提出要吃薯片。到后来，她甚至还进一步打破"吃完五片薯片再去洗澡"的规矩，提出要吃六片，然后再去洗。妈妈这才发现苗头不对，拒绝了茜茜的要求。结果她又哭又闹，让妈妈烦不胜烦，只好再次同意了。从此，茜茜逐渐养成了爱跟妈妈讨价还价的习惯，让妈妈又后悔又无奈。

皮皮今年 10 岁，在父母的纵容下，也养成了爱跟父母讨价还价的坏习惯。皮皮学习之余最爱玩游戏。结果，每次他妈妈让他做点什么事，他就会用让自己玩一会儿网络游戏作为讨价还价的筹码。例如，他妈妈让他下楼取一件快递，他要求妈妈同意他打 10 分钟网络游戏，他才愿意下楼去取；他妈妈让他刷洗碗筷，他又会要求打 30 分钟网络游戏……久而久之，妈妈无论让皮皮干点啥，他都会向她索要"奖励"，也就是要求妈妈同意他玩一会儿网络游戏，时间长短不等。妈妈知道这样不对，但又不知道怎么办才好。

鑫鑫今年 6 岁，平日里，他特别调皮捣蛋，让家长和周围邻居都很头疼。但更让他家长焦虑的是，他动不动就爱跟父母、长辈们讨价还价。无论是做作业、吃饭、洗澡、穿衣还是睡觉，在任何事情上，只要是别人让他去做的，他都爱拿来讨价还价，以达到他想要的某个目的。最让父母哑口无言的一次讨价还价是，父母让他吃饭，他居然提出"吃了饭能不能明天不上幼儿园"！父母当然拒绝了如此荒

唐的要求。于是他就把"交换条件"换成了"吃了饭能不能周末带他去游乐场玩"。父母继续反对。他又说"吃了饭能不能帮我买一双新鞋",这次父母同意了。吃一顿饭的时间,就在这样的讨价还价里,拉长了两三倍。

图 4-8 不要讨价还价

其实,很多孩子之所以会养成这种和父母讨价还价的习惯,说到底,主要责任还是在父母身上。如果从一开始,父母就没有给孩子打破规矩的机会,没有让他们产生错觉,认为只要讨价还价,就能达成自己的目标,那么孩子又怎么会一次次不厌其烦地浪费时间来和父母讨价还价呢?可以说,是因为父母给了孩子一次又一次的"得逞"机会,才会让孩子养成凡事都要讨价还价的习惯。

而作为孩子,在和父母讨价还价的过程中,任何一方都不会轻易妥协。于是,每一次讨价还价,都是一场特别浪费时间的"交易"。

在讨价还价并让父母对我们妥协后，我们看似赢了，但长远来看，我们其实输了。

因为在这个过程中，我们养成了总爱拖延的习惯，甚至下意识地就想拖延，半个小时不行就 20 分钟，20 分钟不行就 10 分钟，10 分钟不行就 5 分钟，反正就是想拖延，而不肯马上行动。长此以往，作为孩子一方的我们，最大的损失就是，丧失了主动做事、马上行动的意识与动力。

有了规矩就照办，别和家长讨价还价。总爱讨价还价，即使是对我们最包容的父母，也会对我们厌恶、嫌弃。更重要的是，在和外人打交道的时候，讨价还价的坏习惯是非常容易让别人对我们产生反感情绪的，甚至影响到我们的人际关系。所以，不要为了片刻的放松和眼前的蝇头小利，就给自己的未来埋下如此巨大的隐患。如果你已经养成了这样的坏习惯，那么不妨多想一想下面这几句话。

1. 总爱讨价还价，会害你一辈子

如果我们从小就爱跟家长讨价还价，会很容易就养成这个坏习惯。假如我们总是改正不了这个坏习惯，不但会浪费我们很多时间，还会害了我们一辈子。试想一下，我们和家长们讨价还价，他们还可能会宽容对待我们。但如果你总与社会上的一些人讨价还价，你周围的人就会越来越讨厌你，你想做成一件什么事，都没有人会主动站出来帮助你。

2. 你与你的家长之间，并不是交易关系

当一个孩子养成了爱讨价还价的习惯后，在这个孩子眼中，所有和这个孩子进行讨价还价的人的行为，都是一种"交易"的行为。然而，你和你的家长们之间，其实不是交易关系，而是有着浓浓的亲情在里面的。所以，学会爱你的父母、长辈，尊重你的父母、长辈。毕竟，你无论身在哪一个阶段，最在乎你的，是你的父母。他们是最希望你过得好的人，真正想关心你的人。

3. 和家长立下的规矩，要严格照办

为了让我们能够健康成长，并且学会管理自己的时间，家长和我们立下了一些规矩，这样我们就能更高效地利用自己的时间，去把一些应该做的事情做到尽可能的好。但如果我们总爱和家长讨价还价，那么就可能会浪费掉更多时间，甚至还可能养成无视规矩的坏习惯。这样的坏习惯，对我们的成长和未来，危害同样极大。

相反，如果在做事情时，我们总能严格地按照家长们给我们立下的规矩去马上执行，那么不但能节省很多时间，还能有效克服拖延症，让我们干起事情来也更加干净利落。

第五课　在对的时间把事做对

—— 做好统筹与分配，最大限度减少时间的浪费

一、关注"大画面"，统筹全局规划时间

做任何计划和安排的时候，都不能只看眼前，要学会关注"大画面"。所谓关注"大画面"，其实就是要有一种全局观。这就好比是站在高处看世界，能把所有东西都看清楚，从而轻松选择出"最近"的"路"，也就是最好的方法，帮助我们更省时高效地达成最终目标，完成最终任务。

比如你位于上海，最终目标是要到达北京，假如你学会了关注大画面，你就会发现，要完成这个目标，有很多种方法。

方法一：徒步从上海走到北京，这需要 40 天左右的时间，才能完成。

方法二：坐长途大巴车从上海到北京，大概需要 17 个小时。

方法三：自己驾车从上海到北京，大概需要 14 个小时。

方法四：坐火车从上海到北京，坐火车慢车 20 个小时左右，特快专列 14 个小时，动车 7 小时 52 分钟，高铁 4 小时 28 分钟。

通过关注大画面，便有了上述方法可供选择，相信你很容易就能根据自己的情况，选择最好的方法去完成你的目标。

无论是大人还是孩子，时间其实都是有限的，为了把学习、生活与工作都兼顾好，很有必要学会时间管理，最大限度地减少时间的

浪费。要达到这一目标，就必须学会关注大画面，懂得统筹全局，规划、分配好我们的时间。

我国著名数学家华罗庚曾在《统筹方法》一文里，举过一个泡茶的例子。这个例子说，如果你早上起床后想泡一壶茶喝，有茶叶，但没有开水；开水壶、茶壶、茶杯都要洗；火已经生好了。下面有三种方法可供选择，请问你认为选哪一种方法，能最节省时间地达成泡茶喝的目标？

方法一：把开水壶洗干净，灌上水，然后放在火上烧水；在等水烧开的过程中，把茶壶、茶杯洗干净，然后把茶叶放到茶壶里；水烧开后，泡茶喝。

方法二：把开水壶、茶壶、茶杯都洗干净，然后把茶叶放到茶壶里；把水灌入开水壶，然后放到火上烧水；水烧开后，泡茶喝。

方法三：把开水壶洗干净，灌上水，然后放到火上烧水；水烧开后，把茶壶、茶杯洗干净；把茶叶放到茶壶里，泡茶喝。

相信每一位聪明的小伙伴都一定会选择"方法一"，因为这个方法最节省时间。这个方法充分体现了关注大画面、统筹全局规划时间的好处。我们既想要节省时间，又想要获得最好的结果，就一定要懂得在对的时间里把事情做对。而学会统筹全局规划时间，就能很好地做到这一点。

作为孩子的你，不知道有没有过做饭做菜的经历？其实这种经历，特别能锻炼我们统筹全局规划时间的能力。很多人可能都有过类似这样的经历：某天一个人独自在家，便决定自己做饭炒菜吃，可没想到，菜炒好之后才发现，米饭忘做了。等米饭做好时，炒好的菜却已经凉了。这其实就是不懂得统筹全局规划时间造成的。

只要懂得统筹全局规划时间，我们完全可以用最节省时间的方法，做完所有事情。首先当然是把米饭先做上，因为它做上后就不需要管了，电饭锅会自动做好一切，直到我们吃饭时，打开电饭锅添饭吃即可。

然后，刷锅洗碗；接着，洗菜、切菜，什么菜先洗、先切、先炒，都需要安排好时间；还有，佐料什么时候准备，等等，这些都准备好后，就开始把一道又一道菜做好；最后，用餐。

效率提升"秘籍"：

采购清单
列采购清单→锻炼做计划的能力

外出购物→锻炼分析与变通能力

整理物品→锻炼统筹规划能力

图5-1　合理规划，提高效率

我们其实完全可以通过买菜做饭，好好锻炼一下统筹全局规划时间的能力。拥有这项能力，对我们的帮助是非常大的，比如在学习上，我们就能更容易理清思路，抓住重点，目标也会更明确，并且能更合理地分配时间与精力，从而提高学习效率。那么，我们具体该怎么做呢？

1. 通过列采购清单，锻炼做计划的能力

疫情期间，可能一周才外出采购一次，要购买的物品就会很多，所以要用一个小本子或一张纸，详细列出来，好好计划一番。然后，把这些待购物品，按照重要性分好类，分为"一定要购买的"，即使多走几家超市商店也要买到；"可买可不买的"，如果在逛的时候，不用花费很多时候就能买到，就买下来，否则不买也可以。通过这样的锻炼，学会了分类与取舍，知道怎样做更节约时间，去完成任务。

2. 通过外出购物，锻炼分析与变通能力

疫情期间，外出购物时不宜在超市、商店等地方待太长时间，也因此能更好地锻炼孩子如何用更少的时间，买到"一定要购买的"东西。在出发前做好计划，在现场和家长一起商量，在家长指导下，学会分析，懂得变通，善于应变，就能做好这一点。

3. 通过整理物品，锻炼统筹规划能力

东西买回来后，我们可以参与到整理东西的过程里去，这样能帮助我们有效提高思考、分析、规划、分类等的能力。例如，在整理食物时，每一种食物应该如何储存？哪些用保鲜盒，哪些用保鲜袋？肉类怎样切割、分包装？哪些需要冷藏，哪些需要冷冻？哪些是可以腌好储存的，哪些是要尽快吃掉的？哪些食材只能做主菜，哪些食材只能做配菜，哪些食材既可做主菜，又可做配菜……多参与这样的整理，你的统筹规划能力、思考分析能力等都一定会获得很大提高。

二、要事第一，要紧的事情优先处理

当你有多件事情需要完成的时候，你会怎么做呢？

美国著名管理学家史蒂芬·柯维在他的两本书，《高效能人士的7个习惯》和《要事第一》中都强调了一个非常重要的时间管理方法，即时间管理的象限法则。这一法则提出，当我们需要同时处理多件事情的时候，应该把事务按照是否重要、是否紧急分成四个象限，以及对应的四个优先级。即：

第一优先级，重要且紧急的事。

第二优先级，重要但不紧急的事。

第三优先级，紧急但不重要的事。

第四优先级，既不紧急又不重要的事。

柯维认为，只需要把我们的时间主要放在第一优先级和第二优先级，即可让我们在工作中取得巨大的成就。简单来说，就是"要事第一"。

这一点在学习上也同样适用。在完成学习任务的时候，我们首先应把重要且紧急的事情，也就是跟学习密切相关的一切事情都做好，其次是把重要但不紧急的事情同样每天花一些时间去做好，那么，我们的学习成绩必定能一直都非常优异。

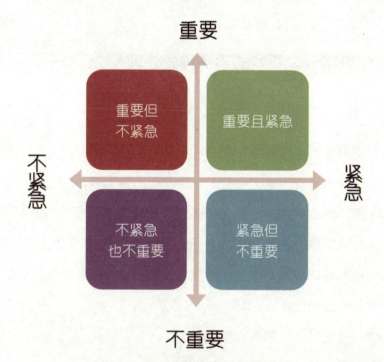

图 5-2　时间管理的"象限法则"

今年刚上小学五年级的易易是个比较贪玩的孩子，每天放学回家之后，书包一甩，就开始看电视、打游戏、玩玩具，不但从不主动复习功课或者预习新内容，有时候甚至连老师布置的作业都不能按时完成。所以，易易的学习成绩一直都不是很好。

易易的父母对此十分头疼，也批评过易易很多次，但他从来都不放在心上。有时候说得多了，易易还会反驳父母："你们老是批评我回家后就是玩，不学习，人家鹏鹏回家后，也玩啊，有一次我就看到他在家玩游戏。我学习不好，完全是因为我笨，鹏鹏也不学习，但他聪明，所以学习成绩一直非常好。"

那么，事情真的像易易所描述的那样吗？鹏鹏真的不努力也能取得优秀的成绩吗？

但凡是了解鹏鹏日常的人，听到了这个问题后恐怕都会告诉你："当然不是！鹏鹏非常努力的。"虽然鹏鹏偶尔也会玩游戏，但那都是他完成了作业，复习和预习好了功课之后才玩的，完全不会耽误自己的学习。

鹏鹏之所以能在取得优异成绩的同时，还能游刃有余地拥有娱乐玩耍的时间，关键就在于他懂得该如何管理自己的时间。

比如，每天放学回家之后，鹏鹏会先做一个简单的计划，把今天准备做的事情都一一罗列出来：做作业、复习今天的功课、预习明天要学的内容、去打乒乓球、看电视、吃晚饭、吃水果、玩游戏等。

在这些事情里，鹏鹏首先会迅速完成自己认为最重要的事。这件事就是做作业。等他把作业很好地完成后，他接着做剩下的事情里

最重要的那一件，也就是复习功课。当然，如果这件事和吃饭发生冲突，他就先吃饭。因为不能让家里人等他吃饭。

完成了复习功课、吃饭这两件事后，他会出去打乒乓球。打完乒乓球回来后，他回来后会看一会儿电视或者玩一会儿游戏，顺便吃点水果，或者喝一瓶饮料、牛奶之类。之后，是洗澡。然后是预习第二天要学习的新内容。预习完后，如果时间尚早，他会看点课外书，或者听听歌；要是时间不早了，就上床睡觉。

易易看到鹏鹏放学回家后会玩游戏，这确实是真的。但是，他没看到鹏鹏已经把晚上的时间都安排得井井有条，什么时候该干什么，都有了明确的安排。而且，鹏鹏还会按照自己的安排，认认真真地完成每一件事。学习的时候，全身心投入去学；玩的时候，也尽兴地玩。

鹏鹏对自己晚上的时间安排，属于劳逸结合的典范。他运用的这种时间管理的方法，叫作"要事第一"，换言之，就是要紧的事情优先处理。具体来说，首先，完成最重要的事情。等这件事完成了，接着完成剩下的事情里最重要的事；依此类推，直到完成最后一件事。当然，排到很后面的事情，往往属于可做可不做的，若是有时间，就去做；没时间了，不做也可以。

我们究竟应该怎样做，才能管理好自己的时间，做到"要事第一"呢？

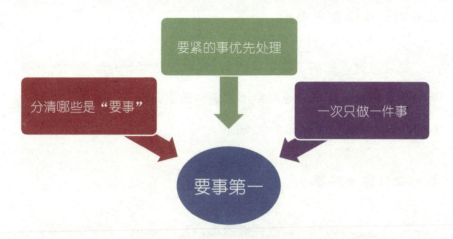

图 5-3　如何做到"要事第一"

1. 学会分清哪些是"要事"

　　如果我们总能优先去做"要紧的事"，也就是重要且紧急的事，我们就一定会取得让自己满意的成果。作为学生的我们，满意的成果当然就是优异的学习成绩。要做到"要事第一"，优先处理重要且紧急的事，当然要首先懂得分辨什么事情是"要紧的事"。例如，明天要交的作业，就是要紧的事；明天老师要抽查背诵的课文，也是重要且紧急的事。

　　重要但不紧急的事，我们同样需要做好。例如，在未来一个月内读完学校规定的必读书，这件事就是重要但不紧急的事。什么是紧急但不重要的事呢？比如某位老师找几个学生去帮助搬东西，把你也叫上了，这件事对你来说，就是紧急但不重要的事。至于玩网络游戏，看电视剧之类的事，就是既不重要又不紧急的事。

/ 113 /

2. 要紧的事情优先处理

刚才说过，所谓"要事第一"，其实就是重要的事情优先处理。而"重要且紧急"与"重要但不紧急"的事，都是"要事"。只不过前者比后者更应该被优先处理而已。

3. 一次只做一件事

无论我们在做哪一种优先级的事，我们都应该专心致志地去做，或者全情投入地去玩。尤其是做"要紧的事"，更应该是认认真真、全神贯注、从头到尾地做好它。作为孩子，我们从小就应该养成"一次只做一件事"的好习惯，尽量高效、高品质、一次性地完成，之后绝对不用返工。

三、条理要清晰，才不会越忙越着急

要战胜拖延，条理性是非常重要的。无论是学习还是生活，如果你不能安排条理，不能清晰地知道什么时间段该做什么，不能优先去处理那些"要紧"的事，即使是不忙的时候，你也会过得一团糟；要是一忙起来，你更是会越忙越着急。

正在上小学四年级的津津，学习成绩一直不是很好。以前她的父母一直忙于工作，也没太在孩子教育上怎么用心。最近，津津的妈妈工作不忙，开始关心津津的学习，这才发现，自己的女儿无论在学习还是生活上，都有很多问题。

最容易发现的问题就是，津津的很多生活习惯都很不好。例如，她做事总爱拖拖拉拉，磨磨蹭蹭；还总会丢三落四。她妈妈发现，她晚上经常很晚才能把老师布置的作业做完；每次到学校后，才发现自己不是忘了带这样东西，就是忘了带那样东西；摆放在家里的一些东西，她也经常找不到。

平日里，津津做事没有一点儿条理性，无论是对待学习还是生活，都有很明显的随意性，想到干什么就干什么，很容易分心，注意力总是很难集中。

每天晚上，她都会把书本、作业本、各种笔、橡皮擦之类的东西，摆放得到处都是。她妈妈早上经常要帮她收拾好，以便她能更快地出门上学，否则，要是让她自己去收拾，恐怕会收拾大半天，上学一定会迟到。

对于津津在学习与生活上都没有任何条理性的表现，她妈妈很焦虑很头疼，有时候也很生气，却也不知道具体该怎么办。

你是否也像津津那样，无论在学习还是生活上，都没有什么条理性，不会管理好自己的时间，不懂得安排好自己的事情？如果是，那就很有必要好好训练一下你的"条理性"了。

通常来说，缺乏条理性的孩子，在做事情的时候，是非常容易磨磨蹭蹭、拖拖拉拉的，因为他们的脑子里总是乱糟糟，没有办法把

要做的事情清晰地整理清楚，常常是做着这样，又想着那样，结果把自己弄得手忙脚乱，事情却没有什么进展。

在学习方面也是如此，因为缺乏条理性和逻辑分析能力，这类孩子在学习知识的时候，往往很难把吸收到的知识在脑子里融会贯通，变成自己的东西。有时候可能上了一天的课，脑子里却根本不记得自己到底学了些什么，背下了一堆公式，也不知道该怎么去学以致用。

相反，一个条理性强的孩子，对如何给事务分类，是有着清晰明了的方法的，他们在做事情时，往往能迅速按照其主次、重要程度分好类别。由于条理性强，逻辑分类能力也强，所以思维能力也强。因此，对于新知识、新信息，总能很快地进行分析、归纳与处理。

图 5-4 "条理性"

例如，当老师在课堂上讲了一个新的知识点，条理性强的孩子听后，立刻就能将知识套入到大脑的公式模块，迅速完成归类与储藏。当写作业或者考试的时候，这类孩子就会迅速将该知识调动出来，进行正确的运用。所以，这类孩子的学习成绩通常也都会比较优秀。

此外，条理性强的孩子对于事物的区分和归类也是非常敏感的，他们能在大脑里迅速划分好事物的长短、大小、冷热、宽窄、高低，以及形状体积等。在学习、工作与生活中条理性强的人，大脑往往都像是一个高速运转又有条理的知识储藏机器。正因为条理性特别清晰，所以无论取用哪方面的知识，都很迅速、方便。

所以，条理性强的孩子无论在哪方面，做事都会比较迅速且高效，这也使得他们无论在生活方面还是学习方面，都能游刃有余，比那些缺乏条理性的孩子拥有更多的时间。

图 5-5 如何训练自己的"条理性"

那么，作为孩子的我们，如果条理性很差，该怎么来训练自己的条理性，才能让自己遇到再忙、再困难的事情，也不着急，而是多一分淡定和从容呢？

1. 让家长少干预、多监督自己

如果我们要成为条理性很强的孩子，就必须训练自己的条理性，让自己养成条理清晰的习惯。在训练自己的过程中，应该让家长们不要干预自己，更不能代替自己去做收拾东西、整理房间之类的事情。我们要让家长多监督我们好好训练条理性。因为我们正是要靠每天坚持收拾好自己的东西，让每样物品都摆放得非常整齐、条理分明，以此来训练我们的条理性。

当我们能够条理清晰地整理好自己的东西，就能让自己省时省力地取用，避免大量时间浪费在了找东西上。于是，我们的时间马上就多了起来。这就是当我们拥有了很强的条理性后的一个很容易看得见的好处。

2. 找到自己的生活节奏

什么是生活节奏呢？就是在每天的一些时间点上，会习惯性地做某件事情。例如，早上 7 点钟，即使没有闹钟也会自己醒来；晚上 6 点半，是开始吃晚饭的时间；晚上 9 点，洗澡；晚上 11 点，上床睡觉。经常会按照这样的时间点去做相同的事，就是一种生活节奏。

这种生活节奏看起来就很有条理性。

当然，在学习上，也可以有自己的节奏。例如，晚上放学回家后，争取在吃饭前就把当天的作业做完；在洗澡前，就把当天的功课复习一遍，并且把明天老师会讲的新内容预习一遍。诸如此类。你还可以找到其他的一些对自己学习或生活有益处的节奏。这些都能让你的条理很清晰。

3. 懂得统筹时间，要事第一

这一方面的内容，前面已经讲过。建议大家重温一遍，然后按照里面教大家的方法去做。这样我们就能很快地成为一个条理性很强的孩子。

四、帕累托法则，小伙伴们了解一下

在学校里，只要我们稍微留意就能发现，每个年级里那些学习成绩最好的学生，往往都不是最用功的那个学生。当然，学习成绩最好的学生，也很勤奋努力，但这类学生显然更懂得用科学的方法，让自己的学习事半功倍。而那些最刻苦、最用功的学生，却往往是付出比收获要多得多，总是把自己弄得疲于奔命，成绩却总是不温不火。

初中三年级的学生金金就是这样一个女生。金金是个学习非常努力的孩子，她给同学们留下最深刻的印象就是，无时无刻不在学习。无论是在食堂里，在路上，在课间的教室里，大家都能看到她在看书或者听英语磁带，甚至在上厕所的时候，她的那些女同学都看见过她捧着一本书在背。

几乎每天晚上，她都要学习到 12 点以后，实在是困得不行了，才无奈地上床睡觉。早上 6 点钟，听着闹钟的响声，本来还挺困倦的她也会强迫自己起床，洗漱完，然后赶到学校，开始新一天的学习。她们班上的同学给她起了一个响亮的外号——"学习机器人"。而一看到戴着厚厚眼镜的她，你一定会马上明白"书虫"是什么样子的。

但令大家非常不解的是，即便金金已经这样努力，可她的成绩却始终都只能排在中游水平。全年级 360 多个同学，每次期末考试，她都只能在 200 名左右徘徊，似乎不管她再怎么努力，都无法让自己再前进一步似的。

如此勤奋努力的金金，恨不得把一天 24 小时都投入到学习里去的金金，每次考试总是不理想，这让她的家长和老师都非常心疼。而有一些调皮的不懂事的同学，则在背地里调侃她说，如果自己也像她这样每天恨不得把全部时间都用在学习上，那么不考 100，也能考 99。

像金金这样的学生，恐怕每个学校甚至每个班级里都会有。他们刻苦、努力，恨不得把自己的每分每秒都投入到学习上。可奇怪的是，即使如此，他们每次考试出来的成绩，都依然不是那么理想，远远对不起他们的付出。

为什么会出现这种现象呢？说到底，其实还是学习方法的问题。在学习上，想要取得优异的成绩，不是说光投入很多时间进去，然后死记硬背就可以的。要想学习成绩好，要勤奋努力，更要注意学习方法。

在这里，给大家分享一个能够帮助我们在做事时收到事半功倍好效果的重要法则：帕累托法则。

帕累托法则又叫"二八法则"，广泛应用于人类的各个领域，自然也包括学生学习的领域。在学生学习的领域里，20% 的内容决定了80% 的学习成绩，而剩下的那 80% 内容，只能为我们带来 20% 的学习成绩。

帕累托法则启示我们，一门课程真正重要的内容也许只占全部

图 5-6　帕累托法则

内容的 20%，我们只要学会把这重要的 20% 左右的内容找出来，投入比较多的时间和精力，进行学习、思考、融会贯通、学以致用，然后再花一些时间把剩余的不重要的 80% 的内容也学习好，我们就一定能考出非常优异的成绩。

那些学习成绩优异的学生，其实都在有意识或者无意识地运用着帕累托法则，也就是说，他们把自己主要的时间与精力，都投入到了重要的知识点和内容上了。一旦这些重要的 20% 的知识点与内容完全理解、掌握好，什么样的难题都难不倒他们了。而不懂得运用帕累托法则的学生，遇到难题，只能无奈地丢掉分数。成绩上的差距就是这样一点一点拉开的。

好钢用在刀刃上。总能考出优异的成绩的学生，其秘诀就在于，把自己 80% 的时间花在了能带来最高收获的那 20% 的重要的内容的学习上，而不是乱学一通。那么，我们该怎样用帕累托法则来指导我们的学习呢？

1. 运用帕累托法则，指导自己抓住学科重点

进入初中以后，我们的学习任务越来越重，不但学科比小学时多了好几门，知识点也多了很多。以后当我们升上高中时，会发现高中的学习担子更重，知识点又增加了不少。如果我们只是孤立地一个一个地去学习、掌握每个知识点，恐怕每天 24 小时用来学习都不够用。但是，如果我们把更多的时间用在重点章节上，效果会更好。

重点章节往往只占整本书的 20% 左右。剩余的 80% 非重点章节，其实每个学生掌握起来都不难，完全不用花太多时间。而且，当你将重点、难点都理解并融会贯通后，掌握起那些非重点、非难点时，也会更加容易，很多知识点甚至看一遍就能轻松理解和掌握了。

2. 运用帕累托法则，做好自己的时间管理

当我们理解好帕累托法则后，就懂得怎样去管理自己的时间了。在每天的统筹安排、时间分配上，也能做到有的放矢、要事第一、劳逸结合，从而把时间利用到极致，给自己带来最好的结果。

3. 运用帕累托法则，助自己做好学习资源的分配

当我们学习了帕累托法则后，就知道无论是投入到学习上的时间，还是帮助我们提高学习成绩的资源，都是要有侧重点的。例如，我们想报个补习班，弥补自己的短板，根据帕累托法则，我们不能一次就想把所有短板都补上，应该列出我们想要弥补的短板，然后标好优先顺序，先把主要的时间与精力，投入到当下最需要弥补的短板上。当弥补好了这个，再去弥补剩下的短板里最需要弥补的那个。以此类推。

总之，我们每个人的时间、精力都非常有限，所以运用好帕累托法则，让它指导我们考取更优异的成绩，就更为重要了。

五、做，还是不做呢？——多少时间都被犹豫气走了

　　对很多人来说，无论何时，做"选择题"都不是一件容易的事。你选择了这个，就意味着要放弃那个，可在结果出来之前，没有任何人会知道，自己的选择究竟是否正确，自己放弃的，又会不会让自己后悔。于是，纠结来，犹豫去，时间就这样悄悄浪费了，而我们也始终找不到那个"完美的答案"。

　　通常来说，如果一个孩子在选择方面存在问题，缺乏果断精神，那么最主要的原因可能是，孩子从小到大一直都受到父母的过度保护，无论遇到什么事，父母都会帮孩子解决，结果孩子从小到大都得不到相应的锻炼，在生活中缺乏独立自理的能力，要是没有了依靠、必须靠自己时，就会表现出缺乏果断精神、犹犹豫豫、拖拖拉拉的样子。

　　诗诗今年已经上小学四年级了，在大家眼里，她是一个文静、乖巧的女孩子，学习和做事都比较认真，成绩虽然不是很优秀，但是也经常考八九十分。在老师和同学们的眼里，她都是一个很容易相处的好学生。

图 5-7　你在犹豫时，时间已悄悄流逝

　　但诗诗的妈妈却很多次都发现了诗诗身上有一个特别大的缺点，那就是遇事特别犹豫，经常都因为瞻前顾后，无法做出决定而浪费很多时间，错失很多机会。

　　就说上个星期吧，学校月考的成绩出来了，诗诗考得很不错，爸爸妈妈便决定要奖励她，在这个周六带她去游乐园玩。可没想到，

周六上午，一家三口正准备出门时，外面居然下起了滂沱大雨。好不容易雨停了，但天气预报又说下午还会有雨。于是，妈妈便建议大家更换地方，去室内的地方活动，并且提出了三个地方让诗诗选择，分别是科技馆、历史博物馆和图书馆。至于游乐园，只能以后再去了。

这本来是个挺简单的选择，但诗诗却迟迟给不出答案，琢磨了很久之后，才在妈妈的催促下犹犹豫豫地说要去图书馆。可是，等爸爸妈妈准备好了之后，临出门前，诗诗又改变了想法，提出还是去科技馆比较好。

妈妈担心诗诗中途又改变想法，于是又郑重地问了一遍："这次真的决定好了吗？"

听到这个问题，诗诗又犹豫，要求再思考 3 分钟。结果，3 分钟以后，诗诗又犹犹豫豫地表示："不然我们还是去历史博物馆吧……"

这回总算是有结果了吧？可没想到，才刚出门没多久，诗诗就又后悔了，总觉得自己还是最想去游乐园，于是再次犹犹豫豫地提出："要不今天咱们哪也不去了，下周去游乐园好不好，我还是想去游乐园……"

听到女儿犹豫不决、选来选去选了半天、换了又换，最后竟然给出这样的答案，爸爸妈妈都感到又气急又无奈。

像诗诗这样，面对选择时，磨磨叽叽、犹犹豫豫，结果把时间都"气走了"的孩子，在生活中其实并不罕见。事实上，不仅是孩子，即使很多大人，在面对一系列选择时，也不见得就能痛痛快快、干脆利落地给出一个最终答案。因为，在面对很多选择的时候，不管是大人还是小孩，都会希望自己能给出一个最"完美"的答案，但问题是，事实告诉我们，世界上根本就不存在完美的选择、完美的答案，无论选择什么，都势必要放弃什么，更重要的是，不到最后，你永远都不会知道，自己的选择究竟会有怎样的结果。

通常来说，在面对选择时，容易犹犹豫豫、拖拖拉拉，总是做不出决定的孩子，归根结底还是因为意志力薄弱，缺乏果断精神。这显然对我们的成长是极为不利的，同时也可能会让我们在面对人生的关键选择时白白错失许多机会。

所以，如果你的身上也存在这样的问题，那么就赶紧行动起来，努力锻炼自己处事果断的能力吧！别让时间与机会被自己的犹豫不决所"气走"。那么，具体我们应该如何做呢？

1. 叫父母大胆放手让我们去独立做事

虽然我们是孩子，但为了让自己成为一个拥有果断精神的孩子，请主动告诉爸爸妈妈，大胆放手让我们经常去做一些我们力所能及的事情，这样我们就能逐渐减少对父母的依赖，还能逐步养成敢于选择的果断精神。

2. 学会筛选的原则

当我们面临选择时，我们可以迅速对每一个备选项进行深入的分析，然后列出必做的理由。每一个备选项都列好后，就开始按照重

要性，把备选项进行优选次选三选四选等的先后排列。等你选出了最重要的那一个，你轻易地就能做出果断的选择。

在进行这一项训练时，可能在刚开始时，我们还不熟练，以为对我们培养果断精神效果不大。但其实只要你多练习几次，就能越来越熟练掌握筛选的原则。

图 5-8 "筛选原则"

3. 在"截止时间"到来前做出选择

如果想我们的时间不被犹豫气走，还有一个非常有效的训练方法，就是学会设置做出最终选择的"截止时间"。要求自己，在限定的时间到来前，做出你的最终选择。例如，小鸿妈妈要带小鸿出去玩，然后给了小鸿几个可供选择的市内旅游景点，让他在 5 分钟内选择一个地方，否则就当作是弃权。由于有"截止时间"的压力，所以小鸿用了不到 1 分钟，就把自己的最终答案说了出来。

第六课　高效学习

——学霸日记，比同学少写一两个小时作业的秘密

一、规律作息，体力和精力是高效学习的前提

　　对于正处在成长期的孩子来说，规律的作息是保证其健康成长和高效学习的必要条件，只有先保证了规律的作息，才能有足够的体力与精力来应对繁重的学习任务。作为孩子的我们也应该认识到这一点，毕竟这是关乎我们健康成长的大事。

　　可是，什么样的作息习惯才算"规律"呢？要知道，在成长的每一个阶段，上幼儿园之前、上幼儿园时、小学阶段、初中阶段、高中阶段等，作息的规律都是有所不同的。对此，我们不妨去向父母求助一下，作为过来人，他们的建议一定会对我们有着非常重要的帮助。当我们在父母的帮助下，为自己制定好不同学习阶段下相应的作息时间表，并养成规律的作息习惯后，相信无论是对我们的成长还是学习，都会有极大的益处。

　　君君现在是初中二年级的学生。每天，她在休息、学习、运动、玩乐等方面的时间，都安排得非常有条理，所以，她每天都既能精力充沛地学习，又能开开心心地运动，也能非常尽兴地玩乐。可以说，她作息时间的规律性和科学性，对她身心的健康成长，学习方面的优异成绩，以及全方位的发展，都起到了决定性的作用。

　　君君能够养成规律作息的习惯，主要归功于她的妈妈。因为她

妈妈从她上幼儿园开始，就帮助她制定适合该年龄段的"作息时间表"。当君君上小学后，她妈妈又适当地调整了她的"作息时间表"。到了小学高年级，也就是小学四年级以后，她妈妈又一次调整了她的"作息时间表"。

当君君以优异的成绩考进她们市里最好的初中后，她和她妈妈一起，共同制定了一个新的"作息时间表"。当然，"作息时间表"不是"死"的，而是会根据实际情况，有微小的调整、变化。

我们不妨看一看，君君进入初中二年级后，平时周一到周五的"作息规律"：

早上

5：50起床，洗漱完，开始做30~40分钟的课外数学题，然后吃早饭。

7：00出门上学，骑自行车去，路上最多需要25分钟。

中午

午饭在学校吃，然后午休半个小时。然后做上午布置的作业。

晚上

6：00到家，然后去运动半小时。

6：30回来吃晚饭，然后洗澡。

7：30-10：00做作业，复习，预习，读课外书。

10：00上床睡觉。

作息时间安排表

时间	日程安排事项	完成情况
早上		
5:50	起床，洗漱，做30~40分钟数学题	
6:40	吃早餐	
7:00	出门，骑自行车上学，25分钟以内到学校	
中午		
12:00	吃午饭，饭后午休半小时	
13:10	做作业，直到上课	
下午		
18:00	回到家，运动半小时后吃晚饭	
19:30	做作业，复习，预习	
22:00	上床睡觉	

图6-1 作息时间安排表

另外，周五晚上会训练90分钟羽毛球，周六上午会训练90分钟的篮球。这两场训练，对过去一周消耗的体力的恢复有很大的帮助。待到下周一时，君君又能精力十足地开始新的一周的学习。

老师们布置的周末作业，她一般会在周五晚上和周六安排时间全部做完。周日，她会和家里人出去玩，或者一起去看电影，或者一起去看体育比赛，等等。

每一位像君君一样健康成长、学习高效、全面发展的孩子，必然都有着规律的作息时间。规律作息，保证了他们有充足的体力和精

力，在学习上也能保证事半功倍地完成任务，因此，他们总是能取得优异的学习成绩。

作为学生的我们，在学校里，有老师们给我们规划好了科学合理的上课时间和课间休息时间，我们只需要被动遵守即可。但是，离开学校回到家后，假如我们没有遵从一个良好的作息规律，那么就很容易会让自己陷入疲劳，或者把每天从学校回到家后一直到上床睡觉的这段时间，白白地浪费掉。

为了保证学习的高效，我们一定要让自己拥有健康的体魄。而要让自己拥有健康的体魄和充沛的精力，规律作息是关键。那么，怎样才能让自己养成规律作息的习惯呢？下面是几条非常有效的方法，大家不妨试一试。

图 6-2 如何培养作息规律的好习惯

1. 在父母协助下，制定出适合自己的"作息时间表"

大多数孩子的自控力都很弱。放学回家后，做作业还是玩游戏，看电视剧还是刷抖音……随意性很强，所以对学习、成长没有任何帮助。想要体力好、精神足、学习高效，非常有必要养成规律的作息习惯。为此，必须找父母跟自己一起制定"作息时间表"，并让他们监督我们的行动。

我们可以在父母的指导下，定好几点起床、几点出门上学、放学后先做什么，后做什么，晚上几点钟睡觉，有了详细的计划之后，自然也就不会白白把时间和精力浪费掉了。

当然，这里只是举个例子，我们还是要根据自己的实际情况去安排，把在学校之外的每一分钟都合理利用起来。最重要的是，制订好计划之后，我们一定要严格按照"作息时间表"去做，否则计划的制订也就没有意义了。

2. 学会高效利用每天的黄金时间

无论是大人还是孩子，每个人都有属于自己的生物节奏，也就是"生物钟"。在有的时间段，我们学习效率会非常高；有的时间段，则效率很低。学习也有最佳时间和最差时间。

经过广泛、深入的研究发现，对于学生们来说，一天内会有四段时间，用来记忆，会特别的高效，它们分别是：

早上6~7点，特别适合去记一些新概念、新知识点、新内容；

上午8~10点，非常适合去记基础理论知识，大量地记，也能轻

松记得下来；

下午 7~9 点，十分适合去记综合性知识；

晚上 10~11 点，最适合记精确性高、容易出错的知识。

不过，可能每个孩子的具体情况会有所不同，有些孩子可能早上、上午的学习效率特别高，有些则下午、晚上学习特别高效。在制定自己的"作息时间表"时，要规划好最适合自己的时间安排。当我们能在我们自己的最佳时间里，学习那些重要的内容，那么我们的学习成绩必然更容易有大幅度的提升，从而也更容易取得优异的学习成绩。

3. 记得给自己安排运动与玩乐的时间

作为学生，我们固然应该以学习为重，但这并不意味着我们的生活中就必须只有"学习"这一件事。事实上，"劳逸结合"才能让我们真正实现高效学习，取得事半功倍的学习成果。所以，在学习之外，一定要记得在体育运动、课外兴趣、偶尔玩乐等方面，也适当地给自己安排一些时间。

二、课堂有效听讲，作业不麻烦家长

学生时代是人生中的"黄金时代"，对我们每个人未来的发展都是关系重大的。而这个"黄金时代"里的大部分时间，我们其实都是在教室里度过的。可以说，我们学生时代所掌握到的知识，绝大部分都来自课堂上的学习。

作为课堂教学的主导，老师们往往会根据教学大纲的要求，以课本为基础，参考相关资料，结合当下这一批学生的实际情况，通过认真细致的备课后，才开始进行教学的。因此，无论在深度上还是在广度上，课堂教学都超过了教材本身。

然而，很多学生对于这一点都不了解，总以为即使没有好好听课，自己看看教材，读读课本，也完全可以学会这些知识。于是，在每个学校，几乎都会有一些学生，上课从来不专心听讲，不是思想开小差，就是低头干自己的事情，听课效率特别低。结果，等课后做作业的时候，才发现许多题目都不会做，于是就开始拖拖拉拉、磨磨蹭蹭，好不容易做完了，也是错漏百出。

正在读小学四年级的弯弯就是这样，每次上课的时候，他总是不专心听讲，经常走神开小差，注意力很不集中。等放学回到家以后，一翻开当天老师布置的作业，那就是两眼一抓瞎，根本就无从

下手。

由于作业总是不能顺利地做下去，所以每次一做作业，弯弯心里就很烦躁。为了缓解这种烦躁感，他总是做一会儿作业，就会离开座位，去干点别的事。即使妈妈在旁边盯着他，监督着他做作业，他也依然很难较长时间地专注到作业上去。

弯弯妈妈对此也感到非常焦虑，每天为了让弯弯能把作业做完，妈妈全程都得在一旁督促，有时候催得急了，母子俩还会不可避免地爆发一场争吵。

弯弯妈妈无奈地感慨，明明是孩子做作业，可家长反而才是更累的。有时候看着弯弯在自己的逼迫下不情不愿地学习，妈妈也觉得很心疼，但为了孩子的未来，又不可能撒手不管，都不知道该如何是好了。

其实，弯弯做作业磨蹭的根本原因，还是在于对知识掌握得不牢靠。而他之所以对知识掌握得不牢靠，最关键的原因还是在于他的听课效率实在太低了。要知道，对于任何一个学生来说，课堂上认真、有效地听讲，都是最重要的事。很多在名牌大学就读的尖子生，在谈到课堂教育时，都曾深有感触地说过类似于这样的话："中学生不把上课作为学习的中心环节来抓，那就是捡了芝麻丢了西瓜。"

就学习效果来说，我们在课堂上集中精力听课40分钟，远远要比自己在私底下学习两三个小时更有效得多。老师在课堂上所讲课程的内容，是作为学生的我们当天学习的主要内容，听好老师的每一堂课，是非常重要的。

要是我们不重视老师的讲课，不能在课堂上就把老师讲的绝大部分内容都掌握好，那么就是在最严重地浪费时间。不但是浪费了老师的时间，还浪费了我们自己的时间。课堂有效听讲，作业不麻烦家长。要想成为高效学习的学生，就一定要把课堂学习作为学习的重中之重。

那么，我们要怎样才能在课堂上实现高效听讲，把所学习到的知识都掌握牢靠呢？

课堂上高效听讲，课后才能顺利做题。

首先，上课前的准备要做好；

其次，听课要会抓重点；

最后，一定要当堂把知识点理解透彻，不要把这一堂课的问题留到下一堂课！

祝大家都能像我一样，考得好成绩哦！

图 6-3　高效学习的"秘诀"

1. 上课前的准备要认真、充分地做好

上课前的准备主要有三个方面。第一方面是知识上的准备。其实就是做好预习，带着问题来上课。为了找到预习时产生的疑问的答案，我们一定会很认真地听课；第二方面是学习工具上的准备。例如，课本、笔记、笔之类的；第三方面是精力上的准备。即要精力充沛地迎接上课的到来。为此，我们前一天晚上一定要休息好。当天中午若是条件允许，可以适当午休。这样下午就能神采奕奕地上课，听课效果非常好。

2. 积极主动听课，抓住老师讲课的重点

学生在课堂上只是把老师在黑板或者 PPT 上的内容、要点 "搬" 到自己的听课笔记上，却没有开动脑筋去思考、理解以及与已学知识进行融会贯通，就不是主动听课，而是被动听讲。这样的听讲是低效的。因为你回家以后，必定要花更多的时间，根据听课笔记上的记录去重新学习今天的内容。

而要做到高效听课，就必须像第 1 点所要求的，课前好好预习，把预习过程中产生的问题，也就是还没能理解的内容，通过认真听老师讲课来找到答案。而在听课过程中，听到老师讲的那些自己预习时没学习到、没注意到或者课本上根本就没有的内容，我们更要思考和记录下来，好好理解、掌握，直到能学以致用。

3. 尽可能当堂就理解掌握好全部所学的知识

最高效的听课，就是能够在课堂上就完全理解与掌握老师在上面所讲的全部知识。正如刚才说到的，有些学生在上课时看起来也挺认真听讲的，具体表现就是，非常认真地、一丝不苟地做听课笔记。然而，有不少学生只是把老师讲的内容记到了笔记上，却没有理解吸收到脑海里，所以，要么是课后、回家后，还要花很多时候去复习，又或者有时候顾不上复习，却还安慰自己，反正都已经记录在笔记上了，等以后安排时间再好好复习一下就行了。

殊不知，这样往后拖延的做法，会对自己的学习造成很大的问题。因为很多知识，尤其是数学、物理、化学等知识，是一环扣一环的，如果上一环没有理解吸收、完全掌握成你自己的知识，就会影响你对后面知识点的理解。很多学生为什么课堂上很认真做了笔记，但学习成绩依然不是很理想，原因就在这里。

我们想要高效地学习，就绝对不能拖延，也就是说，不能把现在应该理解掌握的知识、内容，放到以后再理解、掌握。能给予我们学习最大帮助的方法，就是在课堂上，就尽可能把老师在该堂课上所讲的内容都理解、消化、吸收，完全掌握。这样，放学后，晚上只要花很少的时间，复习一下，再加上在做作业的过程中对新知识的应用，当天课堂上的内容，就能非常牢固地转化成为我们的东西。

三、你把程序设置对，作业又快又不累

为什么作业总是这么多？

为什么老师总是喜欢这样折磨我们？

每天都写这么多作业，到底有什么意义？

……

很多孩子大概都曾无数遍问过这些问题，在他们心中，老师每天布置的作业，都如同沉重的负担，把人压得喘不过气来。面对铺天盖地的作业，许多孩子都叫苦不迭，为了完成这项沉重的任务，经常要牺牲掉自己所有的休息和娱乐时间……

老师布置的作业，真的有那么多吗？真的必须要我们牺牲掉一整个晚上的时间，才能勉强完成吗？你是否有想过，或许并不是老师布置的作业太多，而是我们完成作业的效率太低呢？

其实，在做作业这件事上，只要你先把"程序"设置对了，然后再去做作业，就能又快又不累。这里的"程序"，不是计算机领域的"程序"，而是指"事情进行的步骤、次序"，也就是说，要完成一件事情，第一步做什么，第二步做什么，第三步做什么……回到做作业这件事上，无数事实表明，用正确的"程序"去做，真的是非常重要的。

"程序"正确　　　　　"程序"错误

图6-4　找对做作业的"程序"

不妨一起来看看芊芊和桐桐的故事，或许我们能够从中得到一些启发。

芊芊放学回到家后，看到妈妈去买菜还没有回来，于是便计划在妈妈买菜回来后把饭菜做好前这段时间，争取把今天老师布置的作业全部完成。然而，等她开始做作业的时候才发现，只做了一会儿便做不下去了。

为什么会这样呢？因为她今天好几堂课都没有好好听讲，结果一些重要知识点，她都没有理解、掌握，自然就谈不上运用了。这就导致在做作业的时候，许多题目都做得不顺利，这样一来，作业当然也就做不下去了。

幸好芊芊知道怎么解决这个难题。只见她把作业放到一边，先把今天老师讲的内容都认认真真地复习了一遍，直到把知识点都完全

理解与掌握后，才重新开始做作业。这一次，她做起作业来就毫无阻滞，比之前快速顺畅多了。

桐桐放学回到家后，同样也想先把作业做完了，然后再吃晚饭。但没想到，她一边做作业，一边肚子咕咕叫，很显然，这是肚子太饿了，在向她抗议呢。饥肠辘辘的她，实在是不想做作业了，但这个时候，妈妈的饭才刚煮上，距离吃晚饭还有很长一段时间呢。于是，桐桐便决定先吃一些水果，垫垫咕咕叫的肚子。

吃完水果之后，又休息了几分钟，桐桐发现肚子没有那么饿了，体力也恢复了很多，就连大脑仿佛也逐渐充满了能量。于是，她重新开始做作业。这一次，她做得很顺利，很高效。

小伙伴们，通过芊芊和桐桐这两个孩子在做作业上的前后变化，你有没有得到一些启发？当你觉得做作业这件事让你又折磨又疲惫时，你可能是"程序"没设置好。例如芊芊感觉作业总是做不下去时，在"程序"上加上了一个步骤，即"首先，好好复习一遍当天所学内容"，然后再做作业，就变得很顺利了。桐桐呢，同样是在"程序"上加了一个"首先，吃点水果，补充能量"的步骤，然后再做作业，就变得很高效了。

在做作业的时候，设置正确的"程序"是非常重要的。设置对了，作业做得愉快又高效；设置错了，作业做得难受又费时。例如，刚刚吃完晚饭，就马上做作业，往往会很低效。因为人在饱餐一顿后，吃到胃里的食物需要血液来消化，这时候人就会变得懒洋洋的，很不适合去做一些需要集中注意力的事，即使硬要去做，效率往往也会很低。

图 6-5　如何让"做作业"又快又不累

　　所以，我们通常要么是晚饭前做作业，要么是晚饭后至少休息半个小时，然后再开始做作业，这样会比较高效。可见，"程序"的设置是多么重要。

　　在程序设置上，还有下面这几条，也是很常见的让我们做作业时又快又不累的做法。

1. 与家长约定，做完作业后你可以玩一会

作为孩子的我们，都会有自己喜欢的与学习无关的爱好。为了让自己更有动力、更高效地完成当天的作业，与家长约定，做完作业后让自己做自己想做的事，这样的程序设置，也是一种让自己做起作业来又快又不累的好方法。例如，做完作业后，看 2 集动画片，或玩半个小时游戏，或进行半个小时的某项体育运动。达成约定后，双方都要严格遵守。

2. 做作业的过程中，要有条理，够专注

有条理，就是要设置好这样的程序，即计划好要做的作业的先后顺序，先做哪一门功课的作业，然后做哪一门，接着做哪一门，最后做哪一门。够专注，就是一门做完了，再做下一门。这样按设置好的程序去做，反而效率会大大提升。

3. 拒绝家长给我们额外加进来的作业

有些孩子的家长常常会做这样一件事：看到孩子很快就把作业都做完了，担心孩子接下来会浪费时间，就给临时加作业。这样公然破坏原有程序设置的做法，肯定会让好不容易把老师布置的作业做完的我们，非常的生气和沮丧。以后在做作业的时候，肯定是能用 3 个小时去完成，就绝不用 1 个小时完成。毕竟，做完了，还有额外的

作业等着自己呢。

为了让我们不去做这种浪费时间的事，我们最好是拒绝家长额外让我们做的作业。除非你很喜欢做作业，否则没必要加重自己在学习上的负担。

四、戒掉马虎大意，作业无须二次动笔

不管是做作业还是考试，老师和家长最喜欢对我们强调的就是：一定要认真审题、仔细检查，不要因为马虎大意而出错。

每次听到这样的"告诫"，很多孩子都会觉得很不耐烦，觉得像这种"低级错误"，自己是根本不会犯的。然而，事实上，会犯这些"低级错误"的孩子，还真不是少数。那些因为马虎大意而做错的题，失去的分，连起来大概都能绕地球一圈了吧！

初中二年级第一学期的期末考试试卷陆陆续续返回到了同学们的手上。虽然早就知道了自己每一门课的考试成绩，但只有看到试卷和正确答案，才能知道自己是在哪里丢的分数。燕燕每拿到一份试卷，心中都会生一次闷气。因为她每次考试都总会因为自己的马马虎虎、粗心大意，而丢掉不少分数。

例如，数学考试中的某道数学题，她在草稿纸上算的答案明明是正确的，结果抄到答题卷上居然走了样。类似于这样的错误，她已

经犯过好几次了。

就连她一直成绩不错的英语，也因为自己的粗心大意，在往答题卡上涂答案时看错了序号，丢了不少分数……燕燕气得一次次直跺脚，因为这些分数原本都是根本不应该丢的啊！

燕燕的表妹、正在上小学四年级的灵灵，同样也有这方面的问题。她各方面的表现其实都不错，但就是在做作业和考试时，总是马马虎虎、粗心大意，结果经常丢掉不少本不应该丢的分数。例如，她经常把"÷"看成"＋"。

家长、老师、同学都已经不止一次地给她指出过问题的所在，但她居然毫不在乎，觉得自己又不是不会做题，只是有点马虎、粗心而已，不算什么大问题。但其实，每次考完试后，灵灵在发现自己总是在这些地方丢分后，心里也是很难受、很在意的，只是嘴上不说，或者装作很不在乎而已。

在学校里，像燕燕、灵灵这样，在考试过程中总是发生抄错、写错之类失误的情况还是挺常见的。这些学生之所以在考试的时候会出现这样的不该丢分的情况，根源其实在平日里对待学习、做作业等的态度上。正因为这些学生在平时做作业时就养成了马马虎虎、粗心大意、丢三落四的坏习惯，所以当然就会把这种坏习惯带到考试中去。

造成孩子做作业、考试时马虎大意的一个主要原因，是不细心。比如很多孩子，在读书时就经常读错字或者少读了字，看书时也只求大意，大概了解就行了，根本不在乎细节。这样一来，时间一长，便形成了不注重细节的习惯，以至于在做考试题的过程中没能准确把握某些细节，从而丢分。

但其实，细节是非常重要的存在。就比如现在的考试卷里，通常都会设置一些考查细节的题目，一旦你马虎大意，没注意细节，就很容易掉到"坑"里，丢掉分数。所以，想要取得好成绩，对细节的注重可以说是必不可少的。

那么，我们究竟应该怎样做，才能彻底改掉马虎大意的毛病呢？下面是几条很值得学习的好方法。

图6-6 三步骤，让你考试不再丢分

1. 用正确的方法、步骤、规则去做题

马虎大意的一个原因，是"技不如人"。例如，做作业或考试时看错了内容，少看了内容，这样的马虎大意，本质上是在"审题"这个技能上不如别人。马虎大意的人，可能粗略看一遍题目，还没有弄清楚题目的要求，就开始做题了，当然容易做错；只有当你把题目审明白了，再去做，才有可能做对。这其实就是做题方法的问题。

无论做作业还是考试，我们都会遇到一些里面设置了陷阱的题目，马虎大意的人很可能看不出来。例如，什么数字的平方等于4？大部分人会答2而忘记了"-2"。表面上是我们没有想到-2，本质上是我们对于负数的理解与认知，还处在容易忽视的阶段。

马虎大意粗心还有一个表现，就是不遵守规则。其实，老师会帮我们总结出很多考试要注意的点，类似的题所用到的解题步骤……但很多学生可能觉得这些规则太简单了，这些步骤太麻烦了，我还是按我自己的习惯来吧。其实老师的很多方法、步骤、规则，都是为了帮你尽可能戒掉马虎大意的毛病。而这些，都会在平时布置给大家的一些作业上有所体现。因此，认真做好老师布置的作业，是很有必要的。

2. 给自己做一个"错题集"

所有成绩优秀的学生，都一定会有一个"错题集"。无论是在做作业还是考试时，做错了的题目，都应该记录在"错题集"上，分析错误的原因，写出正确的答案。其实，做作业、考试时，那些题目之所以做错，最根本的原因，还是马虎大意。当你能在以后做作业、考试时，若能用"错题集"时时警醒自己，则更容易戒掉马虎大意的毛病。

3. 养成自我检查的习惯

每天做完作业后，至少检查一遍。养成这样的习惯，对我们戒掉马虎大意的坏习惯，成为成绩优异的好学生，至关重要。有些问题，我们在做作业的过程中可能没有发现；还有某些我们做错了的内容，如果不自己检查一遍，可能都想不到！只有我们做完作业后习惯性地从头到尾检查一遍，就能把马虎大意造成的错误几乎完全避免。

五、会给学习找方法，不要只把时间用在努力上

每个学校都有这样一些学生，他们在某一科或某几科上的学习成绩一直非常优异，但在另外的某一科或某几科上，无论怎么努力，都很难取得理想的成绩；当然，每个学校也都有这样一些学生，门门功课都能学得非常好，每次考试都能轻松取得令人羡慕的优秀成绩。

到底是什么原因造成了这样的差异呢？在回答这个问题之前，

先来看看他们的故事。

珠珠、阿良和小枫是同一所学校不同班级的初中三年级学生，他们在学习上都非常努力，每天都会把大部分的时间投入到学习上去，但他们所取得的成绩却是有很大差异的。

珠珠的学习成绩不错，各科目的成绩都平均八九十分，没有明显的偏科情况；阿良在文科方面，也就是语文、历史、政治、地理等的学习成绩非常好，但理科方面，也就是数学、物理、化学等科目的学习成绩就不尽如人意了，这也使得他的综合成绩不是很理想；小枫则是典型的学霸，门门功课的学习成绩不是 100，就是 99。

图 6-7　学习要会找方法

为什么努力程度差不多、每天投入到每一门功课上的时间也几乎没有差别的三个同年级同学，学习成绩会有如此大的差别呢？最主要原因是，他们各自都有着不同的学习方法。

　　珠珠用的学习方法就是我们常说的"死记硬背"。当然，这个方法在幼儿园、小学等低年级阶段，是非常有效的，但到了高年级以后，仅靠"死记硬背"，很难取得好的成绩。

　　阿良很喜欢文科方面的知识，而且还在学习的过程中，掌握了一套帮助自己事半功倍的学习方法，所以文科成绩一直都非常优异。但是，他在理科上运用这套方法，就不怎么好使了。

　　小枫则是在学习文科和理科时，采用了不同的学习方法。他根据自己的特点，以及文、理科之间的差异，分别找到了最适合自己的学习方法，所以才能在投入时间与珠珠、阿良差不多的情况下，事半功倍地取得更优异的成绩。

　　从珠珠、阿良和小枫的学习情况就能看出，在学习方面，想要取得优异的成绩，仅仅只有努力是远远不够的，如果不能找对方法，哪怕你投入的时间和精力再多，所能取得的成绩也是非常有限的。更重要的是，如果我们长久的付出都无法得到与之相称的回报，那么久而久之，在一次又一次的失望过后，我们就难免会开始怀疑自己、否定自己，甚至产生厌学情绪。

　　人与人之间的确存在智商上的差异，这一点无可辩驳，但实际上，除了极少数的天才和傻瓜之外，绝大多数正常人之间的智商差异是非常小的。很多时候，学渣与学霸之间的差距，往往都与智商无

关，主要还是取决于他们各自不同的学习方法和学习态度。

作为学生的我们，如果不用正确的方法学习，那么无论投入再多的时间，付出再多的努力，亦收效甚微；而一旦掌握了正确的学习方法，就会如虎添翼，轻松高效，成绩优异。

那到底怎么样才能学好每一门功课呢？以下几点建议相信一定会对你有所帮助。

1. 认真做好学习的四大步骤

我们对知识的掌握往往要经历四个阶段：听懂了；记住了；学会了；掌握了。要把这四个阶段都做到最好，就必须认真做好这样四个步骤：专心听课；认真看书；做好例题；做好习题。

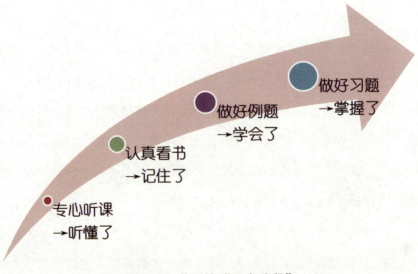

图 6-8　学习的"四大阶段"

"专心听课"这个步骤，前面详细讲过，不妨重温一下；认真看书，一会儿马上讲到。例题在听懂、记住后，还要亲自做一遍，然后与书上的解题步骤对照，若是完全吻合，就说明你已经学会了，否则，就再做一遍，直到完全吻合。做好了前三步，你再做习题，一定会轻松又愉快地完成。

2. 用适合文科的方法学文科，用适合理科的方法学理科

众所周知，数学、物理、化学、生物等属于理科范畴，语文、外语（英语、日语或俄语）、历史、政治、地理属于文科范畴。文科由许多关联度不大但琐碎的知识构成，所以我们需要反复浏览、熟悉、背诵，直至最终理解。

理科则由大量的概念、定义、原理、定理、定律、法则等组成，每一个知识点都是相互关联的。甚至如果数学学不好，对物理、化学的学习，也会严重地拖后腿。要想把理科学好，必须对每个知识点进行深挖，直到完全理解了，彻底弄懂了，掌握了，下一个知识点才比较容易理解、弄懂，才能轻松掌握。在理科的学习上，假如你以前的旧知识掌握得不好，有些知识点你理解有误，那你学习新知识的时候，就很难理解与掌握。

3. 吃透课本，你的学习成绩一定会很好

正所谓"万变不离其宗"。作为学生的我们，无论是期中期末考

试、还是平时的测验考试，每一道题的解答方法，都可以从我们的课本里找到。其实，小升初、中考、高考的考卷里的每一道题，同样也能在课本里找到解答方法。所以，若你能吃透课本，灵活运用好课本里的知识，你的学习成绩一定会很好。

吃透课本，当然不是死记硬背，而是要对每一个知识点都能思考、理解、掌握，融会贯通，灵活运用。最好是能在老师或家长的指导下，把课本里的知识点，通过你自己的分析、归纳、互相关联后，"织"成一张"网"，也就是系统化。也就是有些大人经常运用的"思维导图"。当你也能这样做以后，每门课的每个知识点，你都一定能记得极为牢固。

第七课　注意！请注意

——克服三心二意，时间面前必须保持专注力

一、一心二用，时间花了不少，结果却很糟糕

每个人大概都曾经幻想过，如果我们能"分裂"出很多个自己，那该有多好，这样我们就可以同时做很多很多的事情，不必再因为时间不够用而紧张不已。

当然，我们并不具备这种"分裂"能力。于是，不少人便开始尝试一心二用甚至一心多用，试图用这种"伪分裂"的方式来提高时间的利用率。结果，直到在实践中失败了一次又一次，我们才会明白，一心二用，效果远不如一心一用。尤其在学习上，那些学习成绩好的孩子，肯定都尝试过同时学习两门功课，但往往都以失败告终，然后终于体悟到"学习必须一心一用，专心致志"的道理。

今年刚上初中二年级的丁丁就曾做过这样的尝试。

由于不懂得如何有效地管理和安排自己的时间，所以丁丁总是觉得时间不够用。有时候真是恨不得把自己分裂成两个人，这样就能用一份时间做两件事情。在萌生了这样的想法之后，丁丁突然灵光一闪，虽然自己没办法真的分裂成两个人，但如果能一心二用的话，不也能够同时做两件事，甚至是三件事、四件事吗？

这样的想法让丁丁非常激动，感觉自己终于找到了高效利用时间的"奥秘"，于是她决定说干就干，立刻开始训练自己一心二用的

能力。

当天晚上，丁丁在做数学作业的同时，一边用手机开始播放英语课文的朗读音频，准备同时开启数学和英语的学习。结果没想到，平时她花 1 个小时左右就能完成的数学作业，这次居然花了 2 个小时还没能做完，而英语课文呢，听了那么久，脑子里却连一句都没记下来。

虽然结果不是很理想，但丁丁并没有气馁，她想，或许是因为自己的"技术"还不够熟练。于是，第二天晚上，她又尝试一边看某部电视热播剧，一边做当天老师布置的物理课后作业。结果做着做着，她就被电视剧的剧情给吸引住了，不知不觉就停下了手中的作业，把时间都用在了看电视剧上。

几次失败的尝试过后，丁丁依旧不死心，她决定试一试，看看能不能在课堂上一心二用。于是在一堂语文课上，她一边听老师讲课，一边时不时偷偷地瞄几眼历史课本。结果整堂课下来，不但语文老师上课时讲的内容没记住，就连历史课本上的内容，也没留下什么印象。直到这个时候，丁丁才终于明白，一心二用这件事，她还真是做不了。

很多孩子想必都曾和丁丁一样，想当然地认为，同一时间做两件事，不就相当于自己拥有了两份时间了吗？这样一来，学习成绩即使不比别人好一倍，好一些总可以吧？但是，当我们真正去做了这样的实践后才会发现，同时做两件事，不仅无法提高我们的学习效率，其结果甚至比只做一件事的时候还要差。

有人可能会说，那之前我们一直在说的"统筹时间"，难道不是"一心二用"甚至"一心多用"吗？其实并不是。举例来说，我们准备泡茶的时候，一边煮开水，一边洗茶壶、茶杯，这其实并不算一心二用，因为煮开水的过程是不需要我们用心的，我们只需要把心思用在清洗茶壶、茶杯上就行了。

图 7-1　"一心二用"的后果

又有人可能会问，那为什么我们可以一边走路一边背单词，或者一边走路一边和旁边的人聊天？为什么篮球运动员在比赛中可以一边运球一边想着怎么破掉对方防守，传球，投篮？这些难道不是一心二用甚至一心多用吗？答案其实很简单，因为走路、运球这样的动作，通过熟悉运用后，已经成为了一个人自动化的动作，是不需要我

们"用心"去思考和控制的，换言之，我们不需要把注意力分散到这些事情上，所以自然算不上一心二用。

换言之，边走路边背单词，几乎占了所有"用心"时间的是背单词这件事，所以可以约等于"一心一用"；而篮球运动员边运球边思考过人传球或投篮时，运球几乎不占用"用心"的时间，所以也几乎相当于在"一心一用"。

其实，但凡多次实践过"一心二用"的小伙伴，都能发现，一心二用，时间花了不少，结果却很糟糕。为了让我们花了时间后收获令自己满意的结果，下面是几条对你大有帮助的建议。

图 7-2　高效做事的"秘诀"

1. 要事优先，排好待办事情的顺序

有很多学生之所以总想着一心二用、一心多用，是因为他们觉得自己的时间老是不够用。其实，学会时间管理，懂得安排好自己的时间，时间就会够用。如前面说过的"要事第一""要紧的事优先处理""按事情的重要程度排好先后顺序，然后再去做"等时间管理方法，都能大幅度提升我们时间使用的效率，让我们感觉仿佛"时间多了起来"。所以，我们不妨先把待办的事情按先办哪一件后办哪一件的顺序，一一列好。

2. 注意力集中，一次只用心做一件事

当我们把待办的事情按照先后顺序一一列好后，我们接下来的事，就是安排好相应的时间，一一落实。先做这些事情里最重要的那一件。在做的过程中，把所有注意力都集中进去，因为一次只用心做一件事的时候，最高效。待这件事圆满完成后，再做剩下的事情里最重要的那一件。做的时候，依然是集中注意力，一次只用心做一件事。

3. 统筹规划，有些事情可以同时做

刚才已经提到，有些事情可以同时做，也不会产生不好的结果。例如，一边走路一边背单词，一边走路一边沟通什么重要的事，一边

做作业一边听古典音乐、令人轻松愉快的轻音乐。只要是同时做的两件事里，有一件是能自动去做的，那么这时候是可以同时做两件事的，因为本质上，这还是在"一心一用"地做事，只要我们统筹规划好时间即可。

二、为什么你上课老走神，玩手机却目不转睛呢

很多听课效率低的孩子在课堂上几乎都有这样的状况：每次一听老师讲课就会不自觉地分心、走神，注意力总是很难长时间集中，

图 7-3 被手机"绑架"

不知不觉就跟不上老师的思路了。

但假如我们把听课换成玩手机，那么情况就完全不同了，这些注意力难以长时间集中的孩子，在玩起手机来的时候，注意力却是非常集中的，甚至可以"废寝忘食"，目不转睛地盯着小小的屏幕，全身心投入，对周遭发生的一切都浑然不觉。

小凯就是这样。因为上课时候总是注意力不集中，小凯的学习成绩并不好，为此，班主任还找小凯妈妈谈过许多次话。

一开始，小凯妈妈以为儿子可能是患上了"多动症"，所以才没办法专心上课，不是摸摸这里，就是看看那里，一堂课下来，老师讲的东西却根本没听进去多少。

可是后来，小凯妈妈发现，小凯其实并不是做所有事情都无法集中注意力。比如玩手机的时候，小凯的注意力就高度集中，常常可以目不转睛地盯着手机，一玩就是几个小时，就连你在旁边和他说话，他都无暇顾及。

在我们身边，像小凯这样的孩子其实不在少数。上课的时候，他们总是容易分心走神，注意力也很难长时间集中，但如果是玩手机，却又立马沉迷其中，不可自拔，注意力比谁都集中。

这其实是个非常严重的问题，对孩子的未来有着非常重大的影响。如果家长发现孩子有这样的状况，一定要引起重视，尽快帮助孩子摆脱对手机的沉迷；而孩子自己也应该引起重视，不要为了一时的欢愉，就赔上长远的未来。

沉迷手机对孩子究竟有些什么危害呢？

美国有位心理学家做了一个对比试验，这个试验长达10年。参加这个试验的人共有100名，是这位心理学家从全美国的小学四年级的学生里挑选出来的，家庭条件大致相同。他把这些孩子分成A、B两组，每组50人。A组这50人属于经常玩手机、一旦拿着手机就会陷入痴迷状态的学生；B组这50人则平时极少玩手机。

通过10年的跟踪观察、调查，结果令人非常吃惊和意外。结果是这样的：A组这50个从小学开始就沉迷于玩手机的人，只有3位考入了大学；B组这50个从小学开始就不怎么玩手机的人，几乎全部考进了大学，甚至其中的1/3人还获得了大学的全额奖学金！

这个实验至少告诉了我们一个事实：沉迷于手机，会毁掉孩子的未来。其实，经常目不转睛地玩手机的孩子，还会在好几个方面受到伤害。最显而易见的伤害是，手机会伤害孩子的视力。这种危害很多孩子都懂，但就是控制不住想玩手机的心。

图 7-4 手机的"三大危害"

孩子沉迷于手机上的第二伤害是，影响孩子的智力。有了手机后，孩子就能通过搜索软件获得想要的答案，容易造成孩子思考上的惰性，久而久之，孩子就不爱思考、不会思考了。而总是刷小视频软件，或者玩手机游戏，也会限制孩子智力的发展。

第三个危害是损害孩子的身心健康。孩子经常做"低头族"，时间长了，脊椎会出问题。孩子沉迷于手机，把应该锻炼身体的时间都占用了，身体素质会日渐下降。互联网上什么信息都有，那些不好的信息，容易对孩子心灵造成负面影响。

孩子越沉迷于手机，就会越少与同学、朋友交流沟通，从而导致语言能力、社会能力的退化。这是第四个危害。

我们该怎样与手机这个东西恰当相处，而不被它危害，不让我们大部分注意力都集中到手机上呢？下面是几点建议。

1. 限制手机使用时间，拯救我们的注意力

如今这个时代，要我们不用手机，是不可能的。但作为学生的我们，要把绝大部分的注意力，都放到上课听讲和课后复习、作业、预习等上面，因此，我们使用手机的时间一定要安排好。最好是和家长约定，自己在做完作业、复习、预习完之后，玩多长时间的手机，时间一到，就马上停下来。由于作为孩子的我们，自律能力还比较薄弱，所以必须有家长监督才行。

2. 绝不下载任何游戏、娱乐软件，远离网络诱惑

　　玩过手机游戏的人，刷过短视频的人，看过网络小说的人，肯定都知道这些软件对人的诱惑力是多么的强大。那些沉迷于手机的孩子，往往就是抵抗不住这些互联网上的巨大诱惑，从而把所有的注意力和时间都投入到了手机上。与其说是沉迷于手机，不如说是沉迷在了这些 APP 上。千万不要高估自己的自控力，要拯救我们的注意力和时间，远离网络诱惑，最正确的做法是，手机上绝不下载任何游戏、娱乐软件。

3. 学会把手机变成我们的工具，好好利用

　　我们要把手机变成我们的工具，给我们带来方便，助我们节省时间，提高效率。例如，通话、收发文字、图片、语音信息等功能；上网搜索查询功能；拍照功能；文字或语音记录功能，即备忘录功能；闹钟、时钟、天气预料、日历、计算器等功能……诸如此类。

三、三分钟热度，玩你都玩不出花样

　　每个人想必都曾有过在某件事或某些事情上"三分钟热度"的经历。这是因为，如果我们去做那些非常不感兴趣的事情，必然是难

以长时间地集中注意力，长久坚持下去的。

　　还有一些事情，我们没投入进去做的时候，可能确实认为自己很想去做，或者自己很感兴趣，又或者认为自己很容易掌握，但等真正去做了，才会发现，这件事好像并不像自己所想象中的那样有趣，而自己对这件事似乎也不是那么喜欢，更重要的是，自己在这方面可能是完全没有天赋和发展潜力的，这样一来，自然就会萌生退却之心，在"三分钟热度"之后选择了放弃。那么，你的"三分钟热度"，又是属于哪一种呢？

图7-5　"三分钟热度"

　　香香今年刚满 8 岁，就已经上过好几个课外兴趣班了。然而，她上哪个兴趣班，都是"三分钟热度"。她妈妈给她报了个电子琴班，结果她去上了几次课后，就不想再去了，说弹琴太辛苦，她要放弃。

　　过了些天，她主动让妈妈帮她报了一个画画班。妈妈心想，这可是她主动要报的兴趣班，应该能学得长吧？结果这次依然没有耐性，学了三个星期，就再也不去了。

　　后来什么长笛班、围棋班、国际象棋班、少儿舞蹈班、乒乓球班，香香都曾经感兴趣过，结果同样每个兴趣班都没待多长时间，短的去了两次就不再去了，长的也就坚持了一个月，然后以放弃告终。

　　看到自己的女儿对每一个兴趣班都是浅尝辄止，总是三分钟热度，热情来得快，去得也快，香香的妈妈都快愁坏了。

　　12 岁的山山则是在学习上三分钟热度。每次家长鼓励或表扬他的时候，他对学习的热情就会燃起来。但持续不了多久，他就又故态复萌，对学习的热情也渐渐消退，投入的时间也开始大幅度减少。

　　比如有一次，期中考试成绩出来后，山山发现，原来学习比他差的明明和小兆，这次居然都考得比他好，他心里很受刺激，于是接下来努力了两周，但很快，就又恢复到了原先的样子：想学习就努力学三两天，不想学习就去玩，晚上做作业拖拖拉拉，上课时不好好听课。

　　对于这种"三分钟热度"的情况，很多孩子可能都觉得不以为然。确实，从眼下来看，这种"三分钟热度"似乎并不会造成什么严重的问题，顶多就是让我们因不能长久坚持而无法学会以及掌握一些技能罢了。但从长远来说，如果我们对任何事情都只有"三分钟热度"，一旦遭遇挫折和阻碍就会选择放弃，那么无论做什么事情，我们都无法成功，最终只能成为一个一事无成的平庸者。

那么，有没有什么办法可以帮助我们摆脱"三分钟热度"，让我们无论做任何事情，都能长久坚持，积极主动地投入呢？

1. 学会给自己设定容错计划

什么是容错计划？例如，我们要养成"每天6点半起床"这个习惯，做计划的时候，不要要求自己每天都一定要6点半起来，刚开始的几周，可以要求自己每周至少有5天能6点半起床即可。这样你坚持了一个星期后，你即使有一天或两天没做到6点半起床，但你也成功地完成了这个计划。

于是你会受到激励，产生成就感，让自己更有热情、动力、欲望去继续下一周的"6点半起床"计划。等你坚持一两个月后，你会发现，自己已经不知不觉养成了"6点半起床"的习惯。这就是"容错计划"。

学习计划也可以设置"容错计划"。例如，你不要让自己一周七天每天都做两套练习题。你可以计划一周总共做十套练习题，然后允许自己有两天不做题或者有四天每天只做一套题。这样你会很有成就感，动力满满地继续下去。

学习上的其他事情，同样可以采用"容错计划"。当你学会制订

"容错计划"并执行一段时间后，你一定会惊喜地发现，你学习效率最高的时候，正是从制订这种"容错计划"开始的时候。

2. 计划要从简单的开始

饭要一口一口吃，知识要一点一点地吸收。我们之所以会"三分钟热度"，就是因为对这件事不感兴趣，又或者在这件事上投入了一些时间后，却没有任何回报。假如你对一件事情很感兴趣，又或者在这件事情上投入了一些时间后，很快就有了一些回报，你也一定会有较大的动力，继续做下去。

例如，让你背诵《唐诗三百首》，每天背 30 首，除非你对唐诗很感兴趣，否则你很难坚持下去，背了几首后，"三分钟热度"一过，就会选择放弃。但如果让你每天背 3 首，你就会很容易坚持下去。因为背 3 首，花不了很多时间，完成起来比较简单。完成后，你会有成就感，激励你继续完成这个任务。

你想学好一门课程，其实方法也一样。从简单的开始，你会对学习有越来越浓厚的兴趣。

3. 习惯最好一个一个养成

有很多小伙伴，三分钟热度一上来，便决心要努力成为一个好学生，于是计划从第二天开始，背英语单词、背语文课文、做数学习题、做物理习题……结果坚持了没两天，这些计划同时泡汤。

习惯应该是一个一个地养成的，可以从最容易养成的习惯开始。当你养成了一个习惯后，会更有信心和动力，去养成下一个习惯。于是，你的注意力、坚持力、耐性，等等，在不知不觉中已经变得非常强了。

四、该"练"就"练"，别把时间花在空谈上

有位成功人士说过这样一句话："注意力放到什么地方，成果就会出现在什么地方。"如果只是光说不练，不能把注意力集中到自己想做的事情上，那么无论空谈多少次努力，都是不可能得到一个好结果的。

玮玮的数学成绩一直不太理想。满分 100 分的数学，他每次考试成绩都是 60 多分。他爸爸提醒过他很多次，要他安排课外时间，好好地补一补课，把以前没有掌握的知识点，重新学习、理解和掌握一下。

每次他爸爸跟他说这番话时，玮玮都答应得好好的，并且承诺自己一定会好好努力，争取下次的数学成绩提高到 90 分以上。然而，他每次都是光说不练，上数学课时，遇到不懂的地方，无论课堂上还是课后，都不会主动请教老师或同学。回到家后，也不安排时间补一补以前没有掌握好的内容。换言之，他的注意力压根儿就没怎么放到

数学这门课上。所以，每次考试成绩都不太理想，也就不难理解了。

和玮玮一样，陶陶也是个光说不练的人。去年暑假的时候，陶陶喜欢上了吉他，便让妈妈为他报了一个吉他学习班。陶陶在吉他方面确实有些天赋，通过暑假短短两个月的学习，便学会了几首简单的曲子。暑假快结束时，吉他老师给孩子们布置了一道作业：弹奏一首难度较大的曲子。一个月后的第一个周六，他要检查大家的练习成果。包括陶陶在内的孩子们都高兴地领取了任务。

可没想到，开学以后，陶陶每天从学校回到家里后，写完作业就开始看电视或玩游戏，一次都没再碰过那个吉他。每次妈妈问他，吉他老师过些日子要检查的曲子，练得怎么样了？他都会回答说正在练，很快就能练熟。但其实他压根儿就没练习过。

一个月很快过去了，光说不练的陶陶因为没能准备好老师要求的曲子，所以再也没有去过吉他班。

图 7-6　光说不练假把式

不管是玮玮还是陶陶，其实都犯了同样一个错误，那就是"光说不练"，只会空谈。玮玮本身在数学方面就比较没有天赋，可即使家长多次提醒，也都懒得着手去安排一下时间，把数学成绩补习起来；而陶陶呢，虽然在吉他上颇有天赋，但却不肯下苦功，依然只会在嘴上说一说，如此又怎么可能有所收获呢。

很多孩子想必都是有过空谈经历的，比如某门课的期末考试没考好，于是发誓要在接下来的时间里，好好学习，下次考试一定要考好。结果，发誓讲承诺的时候从不含糊，行动上却没有表现，光说不练。等到了下一次考试的时候，依旧没有任何改变，于是，又一轮的光说不练开始了。

成绩是学出来的，光说不练假把式。为了取得好成绩，该学就得学，该练就得练。如果只是把时间花在空谈上，最后我们什么好结果都得不到，什么好回报都没有。为了不做"光说不练"的人，为了不把时间花在空谈上，我们不妨做好以下这几点。

1. 努力做一个"说到做到"的孩子

一件事情，如果我们向别人承诺了，就一定要想方设法去兑现承诺。例如，我们答应了家长，说下一次期末考试时，英语一定要考90分以上（满分100分），那么我们就应该安排好我们的时间，往英语上倾注更多的注意力，想方设法提升我们的英语水平、实力。

我们绝对不能做一个只会空谈的孩子。要知道，没有任何人喜

欢一个光说不练的人，即使这个人是自己的孩子。如果你觉得你付出再多的努力也做不到，就不要向别人承诺。你要承诺那些你努努力是可以兑现的承诺。只有你经常向别人承诺你能做得到的事，大家才会认为你是一个说到做到的孩子。

2. 遇到实在解决不了的难题时，向别人求助

有些"光说不练"的小伙伴，其实也不是真的不"练"，而是开始去做之后，没多久便遇上了困难。在想方设法都解决不了问题后，便早早地放弃了。于是，便给人一种"光说不练"的印象。其实，作为孩子的我们，遇到实在解决不了的难题时，一定要学会向别人求助，如我们的父母、长辈、老师等。我们解决不了的问题，在他们那里，很可能很容易就解决了。

3. 多与家长沟通，获得家长的支持与鼓励

在学习与成长的路上，来自他人的肯定、支持、鼓励、赞美与帮助，对我们来说，是极其重要的。如果没有人支持、鼓励我们，我们很可能在遇到困难、挫折时就放弃了，我们的誓言也就成为了空谈。因此，我们要多与家长沟通，让他们经常支持与鼓励我们，让我们不断有勇气、动力去努力，将我们说过的承诺变成现实。

五、告诉你个小秘密：太专心了也不好

在绝大多数时候，注意力集中、专心致志、执着认真，都是一件好事。但有时候，再好的事，一旦走向了极端，也有可能变成不好的事。比如在已经"走错路"的时候，如果我们的注意力过于集中、过于专心致志、过于执着认真，哪怕有人提醒也依然不肯停下，那么最终反而只会耽误事情，把大量的时间、精力都白白浪费掉。

图 7-7 固执有时也不是一件好事

对于这样的现象，很久以前就有人用一个词总结过了，这个词叫"钻牛角尖"。钻牛角尖，指的是一个人死脑筋、遇事不灵活的表现，比喻一个人费力研究不值得研究的或无法解决的问题，也比喻一个人固执地坚持某种意见或观点，不知道变通。

专心是一件好事，但有时候，太专心了也不好，容易"钻牛角尖"。如果你留意一下你周围的小伙伴，一定能发现这样的孩子：把注意力过于集中在不值得研究或无法解决的问题上，专心执着地向死胡同里面走去，即使老师和家长要把他（她）"拖"回来，他（她）依然不愿意回头。

一天上午，嘟嘟正在小区花园里全神贯注、认真专心地玩着积木游戏，邻居看见了，便在嘟嘟妈妈面前夸赞了嘟嘟几句。但嘟嘟妈妈却有些无奈地说：

"这孩子看起来好像做事很专心、认真，其实很爱钻牛角尖。记得前几天刚把积木买回来时，他非要把一个圆柱体塞进一个三角形的孔洞里，但塞了很多次都塞不进去，最后急得哇哇大哭。我为了让他不哭，便要帮他忙，更换一个圆形的孔洞。没想到他却不同意，而是在这两块积木上较劲了一个多小时。最后，他累得趴在积木上睡着了。"

嘟嘟妈妈很纠结，不知道是应该鼓励嘟嘟做事要认真专心、注意力集中，还是提醒他做事不要钻牛角尖。

有位学生特别喜欢钻牛角尖，具体表现是，总觉得自己的看法与做法是对的。例如有一次，语文老师在课堂上讲诸葛亮的《出师表》。这篇文言文里有这样一句："亲贤臣，远小人，此先汉所以兴隆也；亲小人，远贤臣，此后汉所以倾颓也。"

这个学生看到这句话后，在课堂上就向老师指出，这句话不对，因为他看过电视剧《康熙王朝》，里面的康熙曾说过，小人如油，君子如水，炒菜时必须放油，要不然炒出来的菜不香，不好吃；煮饭炒菜的时候也要放水，要不然做不熟。所以，小人和君子都要用。

语文老师便对他说，诸葛亮说的才是正确的，因为君子总是在为国家、老百姓着想，而有些小人能力是非常强，但因为自私自利，容易祸国殃民。康熙说的是帝王统治驾驭大臣的方法，而诸葛亮说的是治国的大道。道远大于术。而且，康熙愿意用小人，是因为他管得住、治得了小人。但很多皇帝容易被小人反过来控制。所以，康熙的话只适用于他自己，诸葛亮的话适用于所有皇帝。

只可惜，老师的话，这个学生还是不接受，依然坚持自己的看法是正确的，而老师的说法是错误的。

你周围是不是也有这样的同学，他们特别认死理，即使是在一些毫无意义的问题上，他们也有着莫名的固执与坚持，不顾他人的劝阻，非要把大部分的时间和精力都投入其中，结果却只能一无所获。

那些爱钻牛角尖的孩子，看起来都非常专心认真，在做事的时候注意力也高度集中。只可惜他们做的事，很多都是一些不值得花费如此多时间、精力的事。这样的孩子，思维模式往往比较单一，在思考问题和做事的时候，都习惯于使用定向思维和固定思维，总是一条道走到黑，不撞南墙不死心，甚至撞了南墙仍不死心！

图 7-8　如何避免"钻牛角尖"

　　要知道，我们的时间和精力都是有限的，完全没必要浪费在不值得研究或无法解决的问题上，也不要浪费在坚持错误的看法与观点上。那么，我们怎样才能让自己的认真、专心、注意力与时间都用在应该做的事，而不是浪费在钻牛角尖上呢？下面是几个值得学习的方法。

1. 学会转移注意力

　　遇到难题时，我们如果花了很多时间与精力都无法解决时，就应该干脆利落地暂时放下来，从这个目前还无法解决的问题上脱身出来，转移注意力到别的事情上。例如，考试时遇到了一道难题，与其跟它死磕，还不如先去做那些你能迅速解答的题呢。很可能当你做完其他题，再回头做这道题时，你就有了解决的方法。

2. 不要过分追求完美

爱钻牛角尖、顽固偏执的孩子，都有一个共同特点，就是对自己要求特别高，过分追求完美。对自己要求高、追求完美，这本来是好事，值得倡导的，但如果在一些不值得的事情上过分追求完美，在一些自己明明做不到的事情上、硬是要求自己做到，那么，即使我们投入再多的注意力、时间，再专心致志，也很可能没有任何成果。

3. 学会多角度思维与变通

当我们学会不止从一个角度去看待问题，当我们学会用不止一个方法去解决同一个问题，当我们学会因地因时因势地解决问题，我们就不容易钻牛角尖。当遇到超出你能力范围的问题时，学会请教老师或者擅长解决该问题的人。

第八课　拒绝打扰

——总有外物想要乱你心神，而你只需充耳不闻

一、小心点！很多人都想占用你的时间

　　从小老师和家长就教育我们，要乐于助人。诚然，帮助别人并没有什么错，但需要注意的是，很多时候，在帮助别人之前，我们也该注意"保护"自己的时间，别让别人的事情把我们自己的时间全都占用了。

　　我们每一天的时间都是极为宝贵的，如果你觉得自己时间多得用不完，那只能说明你根本就没有真正把自己的时间利用起来。如果你已经学会了给自己制定每日的作息时间表，你就会发现，我们每天的时间其实都很少，仅仅是要用在学习上的时间，就已经非常多了。更何况，为了保证身心的健康，我们还必须抽出锻炼身体和发展兴趣爱好的时间，这些都是非常必要的计划之一。

　　在大家眼中，小肯是一个非常热心助人的人。在学校里，无论是哪个同学或者老师找小肯帮助，小肯都是二话不说就伸出援手的。放学回家后，或者周六周日在家的时候，周围的邻居也会时不时地找小肯去帮忙做事。

　　比如邻居的单亲妈妈在出去买菜时，就会时不时地让小肯帮忙照顾她 3 岁的小孩；楼上的独居老奶奶也经常会找小肯帮点小忙；甚至还有一户特别喜欢打麻将的邻居，在"三缺一"的时候也会来把小肯找去凑数……

　　因为"乐于助人"，小肯的时间几乎都被占用了，根本没法再去

做自己真正感兴趣的事情。虽然他和同学们以及周围邻居们的关系确实相处得非常融洽，但因为时间不够用的关系，他的学习成绩一直不是很理想，也没有时间和精力发展其他的兴趣爱好。

兴兴是小肯的同班同学，他也时常会面临自己时间被他人占用的情况。但他和小肯不同，他很明白自己时间的价值，所以并不会只要别人一开口，都毫不考虑地答应。

每当有同学、邻居甚至老师找自己帮忙的时候，兴兴都会先问清楚是什么事情，如果发现这件事情自己不该在上面浪费时间，那么他就会直接拒绝。当然，每次拒绝的时候，他都能想出一些让对方也能接受的理由。所以，他既没有得罪人，又没有随便浪费自己的时间。因此，他每天都有充足的时间加以利用，在保证学习成绩的同时，还学习了自己感兴趣的钢琴和绘画等课程。

在生活中，我们都曾接到过别人请求帮忙的讯号，有的人不好意思拒绝，于是只能照单全收，结果让别人把自己的时间都给占用了。乐于助人固然是好事，但我们也应该明白，并非所有向你请求帮助的人，都是非得要你去帮助不可的。总有一些人，他们的事情其实并不是那么紧急，开口寻求帮助，也仅仅只是为了自己的方便和顺手罢了，却丝毫不考虑可能会给别人造成的麻烦，面对这样的情况，我们又凭什么要牺牲自己的时间去成全别人的方便呢？

所以，一定要学会保护自己的时间，不能让它们随意被别人占用。我们应该像兴兴那样，当别人找自己帮忙的时候，先问清楚事情的缘由，再理智地去判断这件事情究竟值不值得我们帮忙，而不是为了所谓的"面子情"就不敢说出拒绝的话。

图 8-1　小心，别让人抢了你的"时间"

　　那么，具体我们应该怎么做呢？下面是一些很有用的应对方法，相信可以给大家一些帮助。

1. 有些忙可以帮，有些时间绝不能被占用

　　当别人想占用我们时间的时候，我们要不要同意呢？这要看具体情况。例如，我们的时间正好没被自己安排，帮这个忙也不会影响到接下来我们去做已经安排好的事情，那么就可以帮忙。又或者，别人只是占用我们极短的时间，而我们又正好没在忙要紧的事。这种"举手之劳"的情况也可以被占用。但像邀你去打麻将、组队玩网络

游戏之类的事，就应该马上拒绝。还有，当老弱病残群体需要帮忙时，尽量去帮。甚至有时间的时候，主动提供帮助。

2. 有时候别人想占用你时间时，可适当拖延或转移给他人

如果别人找你帮忙做的事，是不紧急的或者是对方误以为很紧急其实并不紧急的事，而你又不好意思拒绝的话，就适当拖延一下，约定往后的哪一天帮对方这个忙。如果对方不同意，就果断拒绝。

当然，如果你发现可以让对方另找他人帮忙时，也可以先说自己正在做事，但可以推荐谁谁谁去帮对方的忙。但要让对方亲自去找那个人。这样，你也保住了自己的时间。

3. 有些情形下，要敢于果断拒绝，别解释

有时候，我们会遇到特别难缠的人，对方好像就认准了你，必须要你腾出时间来帮忙。但如果你这时候确实抽不出时间帮忙，而且各种委婉、拖延、推荐等方法都不行时，就直接拒绝好了，并且尽量不要给对方任何解释。一旦你找理由解释，反而会引起对方的强烈不满，然后和你争论，结果浪费了你很多时间。切记，保护好自己的时间，是最重要的。

二、这个世界很喧闹，你得学会静一静

　　只要有人的地方就存在喧嚣，只要过着群居的生活，我们就不可能拥有绝对安静的环境，真正做到与世隔绝。但即使这个世界充满了喧闹，我们也是可以让自己的心境沉淀下来，学会给自己制造一个精神上的安静空间的。

图 8-2　"两耳不闻窗外事"

今年 8 岁的运运是个活泼好动的孩子，不管做什么事情都很容易被外界干扰。比如在学校上课的时候，正听老师讲课，突然外头传来一阵喧闹声，运运的注意力就被吸引走了，立马开始东张西望，分心走神。

晚上在家做作业的时候，窗子外头但凡有点儿什么响动，立刻就能让他丢下手里的笔，好奇地趴在窗口东张西望。就连楼下邻居看电视剧的声音，都能让他听得津津有味，躁动不已。反正不管什么事，肯定都比学习更有意思就对了。

一开始，家长还能为运运找借口开脱——都是环境不好，影响了运运的学习。可是渐渐地，大家就发现，即使外界没有干扰的时候，运运也会自己干扰自己。做了没几分钟作业，突然想喝牛奶，又想吃饼干；写了两道题，突然又开始玩手边的玩具。

家长也批评过运运，但批评过后，运运依旧是很容易受到外界干扰，难以静下心来做事情。在这样的状况下，运运总是看似在学习上花了很多时间，但就是学不进去，也记不到脑海里，学习成绩自然也不是那么理想。

比起运运，13 岁的培培显然拥有更优秀的抗干扰能力。平时上课的时候，培培就能注意力非常集中地听课，听课效率非常高。课间和中午的时候，即使身边的同学又吵又闹，他也能心无旁骛地按照自己的计划，不是做当天老师布置的作业，就是看一些自己感兴趣的课外书或学习资料等。似乎不管在哪里，培培都能专注地投入自己正在做的事情，完全沉浸在自己的世界里。

就连在上学或放学的路上，培培也能完全无视周围环境的喧嚣，"屏蔽"马路上行人的说话声、打电话声，汽车轰鸣声、喇叭声等，认真沉浸在自己的学习任务里，在卡片帮助下认真记忆英语单词、数学知识点或者语文的重要知识等。

　　在家里学习的时候就更不用说了，培培随时都能迅速静下心来，认真投入地去学习。不管家长在客厅里说话声音再大，电视机里传出的角色对话与音乐声再精彩，周围邻居产生的各种声音再有趣，对他都没有任何影响。

　　就连家里来了客人的时候，只要自己的学习计划还没有完成，培培都能在和客人打过招呼之后，完全不受干扰地继续回房间做自己的事情。正因为如此，所以培培的学习成绩一直名列前茅，在其他兴趣爱好方面的学习也都取得了非常不错的成果。

　　这个世界无疑很喧闹，每时每刻都在发生着无数可能会吸引我们注意力的事情。我们无法改变这个世界，但我们却可以改变自己，让自己学会在喧闹中构建一座精神的安静殿堂，可以不受干扰地去做我们需要做和想要做的事情。

图 8-3　提升"抗干扰力"的窍门

那么，有哪些办法可以帮助我们做到这一点，提升抗干扰的能力，从而在喧闹的世界里能够静下心来，高效地学习呢？下面是几个有效的方法，不妨试一试。

1.给予自己强大的学习动力

任何人，无论大人还是小孩，如果没有做事的动力，不知道为什么要好好地做某件事，就肯定很容易受到周围各种喧闹的干扰。怎样才能让自己拥有强大的做事动力哪？给自己清晰明确的做事目标和做事理由。例如，对于学生的我们，就必须有清晰明确的学习目标和努力学习的理由，然后才会有特别想学习的强大动力。至于学习目标与努力的理由，每个人具体都不一样，可以在家长的帮助下，确立你的学习目标，找出你努力的理由。

2. 让自己真正明白，静下心来才能做好一件事

内心浮躁的时候，很难找到做事的节奏；静不下心来的时候，学习效率会非常低。即使是做作业，静不下心来，也会做得非常缓慢。这时候，要学会让自己明白，静下心来才能把作业做好，才能提高学习效率。这时不妨听两段轻松、明快的音乐，让自己内心平静下来，然后再开始学习。

3. 和家长多交流，也有助于静下心来学习

当你怎么样都静不下心来学习时，可以找家长一起聊聊天，可以聊点轻松的话题，可以聊聊最近的生活，可以聊聊自己以后的目标、理想，可以从家长那里获得支持、鼓励……总之，只要你专注于自己的目标、理想，你在学习的时候就能全身心地投入进去，周围的任何喧闹都干扰不到你。

三、掌握时间主动权，谁也别想干扰你

　　现在的我们，正活在一个无论物质还是精神都无限丰富的时代。由于方方面面的东西都多种多样，这就意味着对我们产生诱惑、让我们很容易沉迷进去的东西也会越来越多。如果我们不能把持住自己，就很容易失去时间的主动权，让很多人、很多事物轻而易举地就占用了我们的时间，主导了我们的生活，干扰了我们的学习。

　　楷宁是一个很容易被外界干扰到的孩子。今年刚刚升上初中二年级的他，由于平时没有养成主动管理时间的习惯，所以，他的时间总是很容易被别人占用，别人很容易就能干扰到他。对于学生来说，上课时间是学校安排好的，这种时间一般都不容易被干扰。但有些学生连这样的时间都会被干扰到，例如逃课、旷课。

　　楷宁就曾经逃过课。因为他和班里的另外两个经常旷课的同学玩在了一起，结果轻易就被带去黑网吧玩网络游戏。幸好在老师、家长的批评教育下，他改正了过来。但由于不懂得管理、安排自己的时间，所以他放学回家后，依然很容易受别人干扰，又或者很容易被手机、电视等电子设备所干扰。

　　有时候，小伙伴来找他出去闲逛，明明学习任务还没有完成，但他还是会因为"不好拒绝"而出去；有时候，明明只是想看一下时间，查一下资料，但只要一拿起手机，他就能沉浸其中，把时间都给忘记了；还有的时候，不过只是抬起头看了两眼电视里正在播放的剧集，就会被故事所牵引，一不留神就忘记了时间……

就是因为容易受到干扰，所以不管什么人、什么事，都能轻而易举地就把楷宁的时间给占用掉，这就导致楷宁无论在学习还是生活上，都弄得一团糟，自己的事情也总是无法顺利完成。

与楷宁形成鲜明对比的，是他的同班同学，考试排名经常都是年级第一的昕昕。昕昕就很善于管理自己的时间。他会安排好每天、每周、每月的时间，然后认真落实。当然，在落实的过程中，也不会很死板，而是懂得灵活变通。

但只要没有意外情况出现，他都会坚持按照自己规划好的时间，来严格执行安排好的学习任务。正因为如此，他一直牢牢地掌握住了自己时间的主动权，所以谁也干扰不到他，什么事物也诱惑不了他，也因此，他的学习成绩一直都非常优异。

无论是大人还是孩子，无论是职场人士还是学生，若是不能掌握好自己的时间，就会容易被外界所干扰，时间也总会莫名其妙就被无故占用。所以，只有尽快学会掌握自己时间的主动权，我们才能将一切干扰因素都排除在外，抵挡住一切不好的诱惑。

那么，作为学生的我们，到底应该怎么样做，才能掌握时间的主动权呢？常用的方法有以下这几个。

1. 统筹安排好我们的时间

　　在前面的内容里，我们已经讲了很多如何安排自己时间的内容，这里就简要地再说说，就当作是温故。大家已经知道，时间可以分为学习时间与非学习时间。睡觉、吃饭、走路、洗漱、锻炼、娱乐等必须支出的时间，都统称为非学习时间。学习时间有两类，分别为上课时间与自习时间。我们不能挤占非学习时间，因为这是保证我们高效学习的基础。我们也不能在上课时间去干别的事情，一定要按照老师的安排来进行，否则容易捡了芝麻丢了西瓜。在非学习时间与上课时间之外的时间，才是我们能够掌握主动权的时间。在我们能够自由支配的时间里，合理安排我们的时间，并按照安排去做，就不容易被干扰。

> 时间可以分为学习时间与非学习时间。
> 睡觉、吃饭、走路、洗漱、锻炼、娱乐等必须支出的时间，都统称为非学习时间。
> 这也是我们能够掌握主动权，可以自由支配的时间。

> 学习时间包括上课时间与自习时间。
> 千万不要在上课时间去干别的事情，一定要按照老师的安排来进行，否则很容易捡了芝麻却丢了西瓜的哦！

图8-4　学习时间与非学习时间

2. 想方设法筹措更多的时间

很多小伙伴都觉得自己每天的时间不够用。那是因为自己不懂得合理安排自己的时间、非常低效地使用自己的时间，以及不懂得筹措更多的时间。前两点，在前面的章节里有详述，我们着重讲一下如何筹措更多的时间。这其实就是让我们向"非学习时间"要时间。刚才虽然说过不能挤占非学习时间与上课时间，但是，像课间时间、上学或放学路上的时间、等车的时间、睡觉前的时间……这些很容易被我们忽视的零散时间，如果利用好了，也能学习很多知识，或者完成许多事情。很多高考状元在传授经验时，都说过，几乎每一个成绩优异的学生，都善于利用零散时间。所以，我们也不妨向"学霸"们多学习一下。

3. 科学合理地安排好我们的时间

怎么样安排，才算科学合理呢？正如在前面内容讲过的那样，把人们学习效率最高的时间段，安排给自己用来学习，就是对时间科学合理的安排。例如，早上 6~7 点、上午 8~10 点、下午 3~6 点、晚上 8~10 点是绝大多数学生学习效率最高的时间段，上午 8~10 点最适合思考问题，晚上 8~10 点记忆力最强，可以做最合理的安排。而中午 1 点左右，属于体力与脑力的低潮，最好是午休、放松自己。总之，科学合理地安排好我们的时间，我们往往能积极主动、心情舒畅地进行学习，能集中所有注意力进去，什么也干扰不了我们，因而

学习效果非常好。

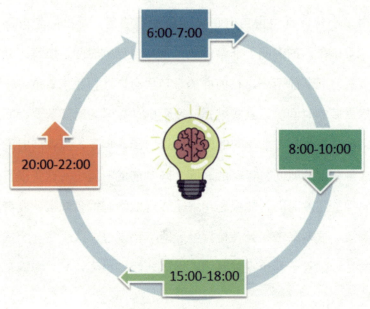

图 8-5 高效率学习的"黄金时段"

四、在不合适的时间，你要懂得拒绝玩的邀请

我们每个人都是需要朋友的，而为了维持友谊，就必须进行一些社交。比如和朋友一起出去玩，一起追某个明星，看某部漫画，等等，其实都是维持友谊的一种方法。但需要注意的是，即使是为了维持友谊，我们也不能毫无保留地去牺牲自己的时间，接受一切的邀

约。比如在那些不合适的时间，我们就一定要懂得拒绝玩的邀请。

那么，有哪些时间是不适合玩的呢？上课时间肯定是不适合玩的。在课外的时间里，被你安排用来做作业、复习或预习功课等的时间，也不适合用来玩。其实，用来锻炼身体的时间，也最好不要用来玩。

只可惜，在现实生活中，很多孩子在放学回到家以后，如果没有家长管着，自己就会把时间用在玩乐上。要是有小伙伴来找自己去

图8-6　诱惑背后的"恶果"

玩，那更是一拍即合，二话不说就一起去玩了。结果，等晚上回到家，才想起作业还没做完，于是就只能硬着头皮熬夜，导致第二天上课都没有什么精神。结果，一系列恶性循环就这样开始了。

清清是一名初中二年级的学生，在家长的帮助下，他已经学会了如何安排自己的时间，尤其是放学回家后的时间，以及周六、周日的时间。然而，尽管每天的时间都被他安排得很清晰、有条理，但是在落实的时候，他却并不总能按照自己的时间表来进行。

比如有时候，他会存在一些拖延的毛病，干一会儿时间表上安排的事情，然后又去干点别的事情，特别容易开小差。而且，如果有小伙伴来找他出去玩，那他基本上是无法拒绝的，总会给自己找各种各样的借口，然后心安理得地放下手上正在做的事，乐呵呵就跟着出去玩了。

就这样，虽然已经有了计划安排，但这些计划不是被耽误了，就是被拖延了，甚至还有不少被清清直接给忘记了的。而清清呢，虽然确实给自己做了清晰的计划，把时间安排得妥妥帖帖，但因为没能严格执行，许多计划根本都没有付诸实现，更别谈提高学习成绩了。

比起清清，同年级的学霸小富在这方面的执行力显然要好得多。

小富一直是他们年级里的尖子生，学习成绩一直都很好。小富同样也懂得规划自己的时间，每天放学回家后以及周六日的这些自己能完全掌握的时间，他都会有一个非常科学的安排。最重要的是，一旦安排好了，除非万不得已，否则他都会严格按上面的安排去落实。

与清清完全不一样的是，小富在该做作业、该复习或预习的时候，小伙伴们来邀请他出去玩，他都是果断拒绝的。可以说，在学习的过程中，小富一直都具有很强的排除干扰的能力，因此无论什么时候，他都总是能很专注地去学习，学习效率自然也非常高。

如果我们经常在不合适的时间，接受别人玩的邀请，那么必定会对学习造成很严重的影响。所以，这种事情一定要引起我们的重视。那么具体该怎么做呢？

1. 多想想不该玩的时候却去玩了的严重后果

在不合适的时间，却接受了玩的邀请，最直接的后果刚才已经说了，对做作业、复习功课和预习新内容一定会有影响。如果经常在不该玩的时间去玩，对学习成绩必定会有很大的负面影响。长远来看，经常受到这种干扰，对我们的考学会有一定的影响。一定要在不该玩的时候拒绝去玩，即使是和你特别玩得来的小伙伴们怎么鼓动你，你也要拒绝。

2. 想一些补偿的做法，弥补没去玩的不快乐

作为孩子的我们，其实都有玩的天性。本来白天上了一天的课了，回到家后，还不能好好出去玩，有时候确实也挺让人不快乐的。但为了晚上可以好好学习，我们又必须拒绝出去玩。为了弥补我们的这种不快乐，我们可以给自己一点补偿。例如，做完作业后，做一点可以让自己开心的事；复习完当天的功课后，又做一点会令自己快乐的事；预习结束后，再做一点会给自己带来快乐的事。

3. 和那些常找你去玩的小伙伴好好谈一谈

为了我们能够安安心心地学习，我们要懂得拒绝玩的邀请。当然，要经常拒绝小伙伴们玩的邀请，确实需要挺大的毅力。其实，还有一种更好的方法，就是找小伙伴们好好谈一谈，让他们不要随意地来邀请自己去玩。因为自己晚上一般都要留出挺多时间在学习上。如果自己真有时间出去玩，可以主动联系他们。这样好好谈一谈以后，小伙伴们就不会总是在错误的时间来打扰你，邀请你去玩了。

五、摆脱让你沉迷而导致时光虚度的事情

在这个世界上，最危险的不是挫折或障碍，而是诱惑，是那些让我们上瘾和沉迷的事情，它们总是静悄悄地、贪婪地吞噬掉本应属于我们的每一分每一秒，直到我们失去了许多时间后，才发觉这一切。

尽管早就听说过短视频软件很容易让人上瘾，但小辰依然不信邪。他觉得自己只是在放学回家后，做完作业或者复习完功课后，才偶尔玩上几分钟，应该不会上瘾。他下载了一个短视频软件到手机上后，发现界面很简单，而且每个视频都很短，不超过 15 秒。上滑切换，双击点赞，操作还挺方便。可没想到的是，小辰原以为自己只看

几分钟就不看了的这个短视频，第一次刷就让他刷了一个多小时！

不看不知道，一看太惊喜了。小辰发现短视频软件上的内容都特别有吸引力，每个视频都让他觉得挺新奇、挺有趣、挺想看的。尤其是刷到明星、网红时，更是让他欲罢不能。虽然时不时也会看到一些重复或没什么意思的视频，但他总期待着下一个视频更有趣。于是他继续满怀期待地滑动屏幕。就这样，时间不知不觉就流逝掉了。

从这天开始，小辰每天放学回到家后，总会不由自主地点开短视频软件刷上一段时间。每次做完作业后，他会玩一会儿短视频；复习完功课后或者预习了功课后，他又会玩一会儿短视频。甚至，有时候他为了刷短视频，连功课都不预习，甚至不复习了！

本来以为只是无聊的时候花几分钟刷一刷的短视频，结果后来却占据了他大块的时间。然而，他刷短视频，除了得到了快乐、过瘾之外，好像就没有别的收获了。换言之，这些时光都是虚度了的。

小伙伴们，你是否也曾经或者正在像小辰这样，因为沉迷于某些事情而导致时光虚度，比如刷短视频软件？短视频确实很容易让人上瘾，这是众所周知的事情。相信刷过短视频的人对此都深有体会。

除了短视频之外，其实还有很多东西，乍一看似乎并没有什么问题，但一旦沉迷进去，就会不知不觉地让我们虚度无数的时光，除了失去很多时间之外，我们几乎无法从中得到任何有益的收获。

图 8-7　以时间为食的"互联网兽"

　　例如，很多篮球爱好者喜欢上某论坛，表面上看，到这样的论坛逛，似乎不会占用我们多少时间。但事实上，逛着逛着，常常是一两个小时就没了。如果你发主题帖子，那么占用你的时间 就更多了。类似的还有一些网站的贴吧、论坛等。当你静下心来回想一下，就会发现，逛这样的网站，除了让你虚度不少时光之外，并不会给你带来什么实质上的收获。

　　还有其他社交或综合网站，你以为逛这些地方能学到什么东西，收获什么益处，但其实并没有。当你登录网站后，本来是想"学点知识"的，结果你却被各种段子与八卦，吸引你看得不亦乐乎；你打开手机上的软件，原本是想看看有什么新闻，结果把热搜榜、好友圈、关注的人都全搜了一遍，有些评论区的上千条评论，你一直翻看到了最后一条才作罢。你以为这些平台是不会让你上瘾的，但你却每次都会在上面不知不觉花掉两三个小时。但最后你会发现，你似乎什么都没有获得。

　　为了让我们不再在那些令我们沉迷的事情上虚度时光，建议大家做好下面这几点。

1. 学会拒绝那些非常具有诱惑力的事情

　　前面我们就说过，千万别高估我们的自控能力。即使是大人，都抵抗不了诸如短视频、贴吧、论坛、网络游戏之类的巨大诱惑力，一碰就上瘾，继而沉迷进去，难以自拔。结果在上面虚度了无数的时光，甚至还会投进去很多金钱。为了我们将来不后悔，现在就一定要学会远离这些诱惑力很强大的东西，坚持不去碰，千万别去尝试。

2. 掌握与利用好我们的课外零碎时间

　　作为学生的我们，大块的时间其实每个人都差不多，都是上课下课，吃饭睡觉，再怎么提高自己的学习效率，又能比别人多出多少时间呢？想和其他同学拉开差距，关键在于如何利用好课外的零碎时间。这些时间，看似这一小块那一小块，但是，利用好了，长年累月积累下来，也非常可观。具体怎么用，前面有内容详细讲过，这里就不重复了。只要都用来学习，坚决不要用来做让你沉迷的事，就一定会给你不断带来惊喜。

3. 多与学习成绩好的同学在一起

　　学习成绩好的同学，能够总是取得优异的成绩，肯定是懂得安排时间好好学习的学生，这类人往往并没有沉迷于那些会令人虚度时光的事情。因为假如他们沉迷了，就不会有足够的时间，去掌握好那么多门功课。你若是和这样的同学们在一起你也会总是想着好好学习，把时间都会安排给学习、锻炼身体等对自己有益处的事情上。这样就能不给那些会令人虚度时光的事情有祸害自己的机会。

第九课　向别人借时间

——当你能力有限，求助会为你节省大量精力与时间

一、同学现在你还小，有些事用尽时间你也做不好

　　每个人都有属于自己的倔强，哪怕一件事情，明明已经很难再坚持下去，却也仍旧会抱着一丝执念，希望能凭借自己的力量，坚持到柳暗花明的到来。这是任何人身上都存在的特质，即使是孩子也不例外。

　　但我们应该明白，每个人的能力都是有限的。尤其是作为孩子的我们，对于某些事情，确实是能力不足的，哪怕用尽时间和精力，也不见得能做好。这其实不是什么羞耻的事情，没有谁是天生就是强大的，我们总该给自己一些成长的时间，而不是过分地苛责。

　　更何况，孩子，在这个世界上，个人的力量本来就是有限的，有很多事情，哪怕我们已经成长得足够强大，单靠自己一个人的力量，也未必能够做好。所以，学会向别人求助，同样也是成长的一堂必修课。

　　今年 12 岁的小珀学习成绩很好，平时也非常乖巧听话。但他有一个特点，就是非常倔强，无论是在学习上还是做事上，都不太喜欢去麻烦别人，哪怕真正遇到了困难，也总是不愿意开口向别人求助。例如在学习方面，他遇到了什么难题，通常会选择投入非常多的时间与精力进去自己苦苦钻研，直到实在是解答不了了，才会无奈地向老

师请教。

有一次，小珀爸爸给他买了一个魔方，但他不太会玩。在小珀班上有一个同学，玩魔方玩得特别好，如果小珀愿意向他请教，那么很快就能掌握到玩魔方的窍门。可是小珀偏偏不愿意求人，宁愿投入大量的时间自己去摸索，也不肯向同学开一句口。

其实，这个世界上，越是优秀的大人或孩子，越懂得向别人求助，因为这样不但能帮助自己解决难题，还能大大缩短我们解决难题的时间，这对我们未来的发展是极有帮助的。

美国苹果公司的创始人乔布斯想必没有人会不认识吧，在他天才的成长道路上，其实一直都有一位非常重要的"引路人"，那就是比尔·休利特。

比尔·休利特是谁呢？他是美国惠普公司的创始人，世人尊称他为"硅谷之父"，是硅谷里无数人崇拜的偶像，是神一般存在的超级大人物。

在乔布斯12岁的时候，他打算设计一个机械装置。但在动手制作的过程中，他在制作频率计数器时遇到了难题，无法再继续进行下去。尝试了很多次都无功而返后，乔布斯决定向比尔·休利特求助。

在接到乔布斯的求助电话后，比尔·休利特很快就回应了他，并给他提供了频率计数器的器件，以及一个到公司实习的机会。于是，1967年的夏天，12岁的乔布斯便到了惠普公司实习。又过了9年，乔布斯和他的小伙伴沃兹一起，在地库里创办了苹果公司。后来，苹果公司成了世界上最伟大的公司之一。

可以说，在乔布斯成长的路上，比尔·休利特一直是他的引路人。因为乔布斯从比尔·休利特那里获得了一次又一次的帮助，而这也是奠定他后来成功的重要条件之一。

向他人求助，其实就相当于是在向他人借时间。因为在别人的帮助下，你用来解决问题的时间将会大幅度地减少，这不就相当于在无形中你向他人借了很多时间吗？

当然，我们并不提倡什么事都向他人求助，因为这样很可能会让我们养成懒惰的习惯，事事都想着依赖人。但在遇到无法解决的问题时，主动向别人求助其实也是一种成熟的表现。

那么在向别人求助时，有哪些事情是需要注意的呢？

图 9-1　如何向别人求助

1. 在最短时间内找到能帮助你的人

如果我们在学习上遇到了怎么解都解不了的难题，在最短时间内能找到的可以帮助到我们的人，当然是我们的老师。什么样的难题，找相应的任课老师即可。例如，物理难题可以找物理老师帮助解答；又如，语文问题，应该找语文老师帮忙解决。如果你想学游泳，当然是找一个会游泳的人教你，你会更快地学会游泳。

2. 向他人求助时一定要虚心、礼貌、真诚

无论是向我们的老师求助，还是向我们的小伙伴们求助；无论是向熟人求助，还是向陌生人求助，我们在向他人求助时，都应该面带微笑，语气真诚、说话虚心、行为举止礼貌得体。

你可以用"请问，可不可以帮帮我""能不能麻烦您一下"之类得体礼貌的话开始与对方交谈；说话结束时，一定要记得说"谢谢您了""麻烦您了"之类的话。你越是对对方礼貌，对方越能感受到你对他的尊重，这样对方更愿意帮助你。

3. 把你要求助的问题清楚地表达给对方

有些不善言谈的孩子，在向老师求助或求教时，因为刚开始时总是没能表达清楚，结果浪费了双方很多时间，才让对方明白是什么意思。由于向他人寻求帮助，是我们人生路上经常要做的一件事，所以我们很有必要锻炼好自己语言表达的能力。尤其是，学会怎么样向

对方表达清楚自己要请对方提供帮助的难题。对方越容易理解你的难题，越能更省时间地帮你解决。于是你的时间也省下了不少。

二、一己之力不如两人合作，学会向朋友求助

在学习上，大多数孩子其实都会有自己擅长的科目和不擅长的科目，在这种时候，如果我们能够找到可以一起学习、互相弥补各自短板的伙伴，那么对我们各自成绩的提升必然都是有很大好处的。欢欢和璐璐的合作就是这方面的典范。

欢欢和佳佳是同班同学，在学习方面，她们都有一个共同的 特征：即有一门功课学得特别优秀，经常满分；有一门功课的成绩则只是刚及格，剩余的功课大概都能在八九十分，总体来说是比较优秀的。

由于两人情况相似，成绩也相近，所以佳佳一直把欢欢当成自己在班上最大的竞争对手。可没想到的是，这个学期期末考试成绩出来的时候，佳佳却发现，欢欢的成绩提升了很多，甚至远远超过了自己。她成绩拔尖的那门功课依然拔尖，而那门一直徘徊在及格线上的功课，这次考试的成绩居然也考了 90 分！

换言之，欢欢这次考试，一门 100 分，剩下的门门都 90 分以上，所以总成绩出来后，欢欢比佳佳多 30 分。但以前欢欢的总成绩

和佳佳不相上下。而这次，欢欢有了明显的进步，可佳佳的总成绩却和以前分数差不多。这让佳佳在震惊之余也不免有些挫败，连连追问欢欢，到底是怎样做才取得如此大的进步的？

欢欢告诉佳佳，其实从这个学期开学以后，她就和班里的另一名女生璐璐结成了学习互助小组，两人常常在一起学习，互相帮助。因为璐璐所擅长的科目，正是欢欢成绩不好的科目，而欢欢所擅长的科目，又正巧是璐璐所不擅长的，而且两人还住在同一个小区，不管是在一起做作业还是复习、预习功课都非常方便。

就这样，欢欢和璐璐"组队"之后，互相分享了彼此的学习方法，并帮助对方解决了不少其弱势科目上遇到的问题，加速了对知识的理解掌握和融会贯通，从而迅速提升了成绩。

正是通过这种我帮助你补短板，你教我学差科的方式，欢欢和璐璐一点一点地把各自以前学得很差的那门功课里原来没掌握的内容都掌握了。于是，欢欢与璐璐在这次的期末考试里，每门功课都考得不错，再也没有哪一门是拖后腿的了。

佳佳听完欢欢的经验传授后，如获至宝，也赶紧开始寻找可以相互合作、相互弥补各自短板的小伙伴。

互相合作，互相取长补短，其实就相当于双方都能向对方借时间，从而省下了自己私下里独自摸索的时间。要知道，在学习上，独自摸索和寻找一位导师带领，其学习效率和学习效果都是天差地别的。所以，我们一定要学会这种向别人借时间的方式，要懂得向对我们有很大帮助的同学或朋友们求助。

那么，和同学或朋友合作，都有哪些操作要点与注意事项呢？

1.懂得"尺有所短，寸所有长"的道理

没有任何人是全能的。即使是那些高考状元，也都没有任何一个人是每门功课都能考第一的，他们只是每门功课都处于名列前茅的水平，综合起来才会是第一。而绝大多数学生，往往都至少会有一两门功课，是学得比较差的。

如果你有功课学得差，有功课学得好，应该就能马上明白什么叫"尺有所短，寸有所长"了。当你明白了以后，不妨就找一个小伙伴，大家互相合作，互相取长补短，就像刚才说到的欢欢与璐璐那样。

2.同学或朋友合作的根本原则：双赢

图9-2 合作的根本原则是：双赢

　　无论你找来和你合作的是跟你现在的关系依然一般的同学，还是和你关系已经非常好的好朋友，你们一旦要合作，双方都应该遵守"双赢"这个最根本的合作原则。只有双方都能从一次合作中获得各自满意的结果，你们的关系才会更好，以后还能再合作。更重要的是，当所有人都知道和你合作能获得很大的好处时，以后愿意和你合作的人会越来越多。

3. 你用心帮助别人，别人也会全力帮助你

　　刚才说了，合作的根本原则是"双赢"。怎么样才能达到双赢的结果呢？关键在于，你要积极主动地帮助别人，让别人获得最想得到的。当你用心地去帮助别人后，别人也会全力以赴地帮助你。当你毫无保留地帮助别人，别人也绝不会藏着掖着，而是也会把他的所有全都倾囊相授。在这种良性互动里，最终你与对方都能够收获各自最想要的结果。这也是我们与别人合作的最大意义所在。

三、各取优势正确分工，搭配合理省时省力

　　在生活中，常常能看到这样的场景：
　　一群人为了更省时省力地做成一件事，先根据各自的优势进行

正确分工，合理搭配，然后迅速完成各自负责的事情。这种团队合作，从本质上来说，其实就是团队里的每个人都向团队里的其他人求助，借他人的时间和能力来弥补自己的短板，从而提高做事效率。

因为团队合作的最大优势就在于，我们可以只专注于自己擅长的事情，用最高效的方式完成自己负责的工作。而其他那些我们所不擅长的部分，则交由更擅长的人负责，这样一来，完成每件事的时间都缩短了许多，既省时又省力，达成的效率往往也要比我们单打独斗更加好得多。

初中二年级第二学期期末考试结束后，暑假就来了。沐沐、小凌、唯唯、阿善、小杉与子怡这六位同年级的小伙伴，相约一起到唯唯家去聚餐。这天是白天，唯唯的父母都去上班了，所以唯唯和她的五个小伙伴可以放开了玩，不需要因为有大人在场而感到拘束。

大家在唯唯家里聚合后，便商量着怎么分工合作，才能让大家更快地吃上好吃的东西。经过短暂的商议，六个小伙伴分为三组：买菜购物组、刷锅洗碗洗菜组和煮饭做菜组。

沐沐和阿善一组。因为沐沐买东西的时候善于砍价，平时很会精打细算过日子，所以负责买菜购物。而阿善力气最大，可以负责拿东西。

小凌和小杉一组。别看这两个同学都是男生，但在家里经常帮助爸爸妈妈刷锅洗碗做家务，可勤快了。

唯唯和子怡一组。唯唯很会做菜，她做出来的菜肴，非常美味可口，小伙伴们以前就吃过好几次，每次吃完后，都对唯唯做的菜肴

赞不绝口。而子怡则是负责帮唯唯打下手的。

这样根据各自的优势、特点分完工后，大家便都开始忙碌起来。等沐沐和阿善根据唯唯之前列的购物清单，把各种食材等东西购买回来时，小凌和小杉早已经把该洗刷的东西，全部洗刷得干干净净。而唯唯和子怡也已经把主食做上了。

接下来，六个人一起上阵，把该洗的菜都洗干净，该切的肉都切好，该准备的配料都准备好。然后，唯唯和子怡便开始制作美食。

最后，经过一番忙碌，唯唯和子怡终于把一大桌丰盛的美食一个接一个地全都端了上来。就这样，六个小伙伴通过分工合作，吃到了一顿非常美味的佳肴，快乐地度过了暑假的一天。

图 9-3 团队就是：明确分工，合理搭配

大家组成一个团队，各取优势正确分工，合理搭配让团队发挥最大力量，这样的例子在我们生活中其实是随处可见的。

　　比如打篮球，对篮球有一定了解的同学都知道，在一支篮球队里，是有各种不同职能的队员的，比如组织后卫、得分后卫、小前锋、大前锋、中锋等。每个职能的队员都有各自不同的职责，想要赢下比赛，队伍就必须在每个位置上都放上能力最符合该位置的球员。当各个位置上的球员都比对手相应位置上的球员实力强大时，想不赢比赛恐怕都难。事实上，有人曾计算过，只要一支队伍有三个以上的位置比对手强，就基本上赢定了。这就是按照优势正确分工、搭配的威力。

　　又比如摇滚乐队。如果你爱听摇滚，一定会发现，那些伟大的摇滚乐队都有着非同一般的默契：低沉的贝斯、暴躁的鼓点、漂亮的吉他旋律，再加上主唱那充满爆发力的歌声，一首又一首经典的摇滚歌曲就是这样诞生的。

　　无论做任何事情，学会和他人合作都是非常重要的。在和他人达成合作之后，我们每个人就都能向其他人求助，借用他人的力量与时间来攻克所遇到的难题，这既能让我们节省时间，又能有效提升团队的能力，是百利而无一害的。

　　那么，我们具体应该怎么做呢？

1. 及早树立合作意识

作为孩子的我们，想要在未来更容易适应社会，在社会上立足，获得很好的发展，最好是从现在开始就树立清晰的与他人合作的意识，懂得团队协作的重要性。

其实，很多事实都已经告诉我们懂得团队协作的重要性。看看那些伟大的建筑，无一不是通过数以万计的人一起协作才完成的奇迹。再看看那些惊心动魄的战争，如果没有无数人的团结与协作，又怎么可能缔造奇迹般的胜利。

说到底，社会的发展其实就是社会分工越来越细，人与人之间越来越相互依赖的进程。而社会，其实也是一个团队，只有每个人都在适合自己的位置上，才能发挥出最大的能量，推动这个社会向前发展。

2. 多参加集体活动

在欧美的学校里，尤其是大学里，每天都会有很多聚会可以参加。这些聚会，就能很好地培养学生们的社交能力、语言表达能力、与他人的协作能力等。

当然，我们更应该多参加的是那些体育运动，比如足球、篮球、排球等锻炼每个人团队合作能力的运动；又或者是乐团、合唱团之类的文艺团队；又或者是学生会、社团等。这些都对我们迅速养成合作能力，学会怎么借用别人的时间，有着极其大的帮助。

3. 在团队合作里发现自己的优势、劣势

当我们多参加几次集体活动，多进行几次团队合作之后，就能很容易发现自己有哪些优势与劣势。因为在团队合作时，我们往往会根据每个人的优势特长去负责具体的事情，而哪些事情我们做不了，我们自己心里会越来越清楚。

对于我们的优势，我们一定要不断强化、提升；对于我们的劣势，如果没有必要，则不用去管它。当然，如果我们的劣势已经对我们的前途和未来产生了严重的影响，会拖我们的后腿，那么我们就必须要尽快努力弥补，坚决不再让它成为我们特别短的短板。

四、必要时向父母求助，给过程加快速度

当你遇到困难的时候，尝试了很多方法，都没能把困难解决掉，这时候，你是否曾经想过，其实你是可以向别人寻求帮助的。比如你的朋友，再比如你的父母。

我们总在说，人应该独立，这是对的。但独立不等于我们要把自己变成孤立的"小可怜"，不要在明明有求救对象的情况下，非要硬着头皮去死撑。我们要学会独立，但同时，也要懂得向别人求助。要知道，真正成熟的独立，并不是所有事情都必须一个人独自死磕，

而是要懂得自己能做到的就自己做，不能做到的则适度向外界求助。

　　曾看过这样一个故事。在美国有一处农场，住着一家三口，父母儿子。有一天，这个 8 岁大的孩子，打算把一块横在路中央的大石头搬到路边去。爸爸妈妈则在远处看着。

图 9-4　独立不等于孤独

　　只见孩子先用双手去搬。然而，他用尽了全身力气，连吃奶的劲儿都使上了，依然没能搬动这块大石头。

　　接着，他找来了一根撬棍，从大石头的底下开始撬动。大石头在杠杆原理的作用下，开始滚离了原位置一点点。但是，这时候他已经气喘吁吁、大汗淋漓、浑身没劲儿了。

　　他一边喘着粗气一边慢吞吞地走到他爸爸前面说，他已经尽力了，凭他的力气，用上撬棍，也搬不动。

　　他爸爸说，你再想想，看看还有没有别的方法？

　　孩子把头上的汗用毛巾擦掉，感觉身上的力气恢复了不少，于是又拿起撬棍撬了起来。没想到，石头依然纹丝不动。

这会儿他终于彻底认输了，认为自己真的没办法了。

他爸爸说，你其实还有一个办法，那就是向我求助，让我帮你搬走这块大石头。

孩子一听，拍了拍自己的大腿，喊了一句："对哦！"

然后，他看着爸爸拿起他放在地上的撬棍，撬了几下，就把大石头撬到了路边去。

很多时候，对于我们来说万分困难的事，父母其实是可以轻松帮我们解决的。但在现实中，很多人在遇到困难的时候，却很抵触去向父母求助，有时候宁愿找同学、同事、朋友帮忙，也不肯去向父母示弱，这是为什么呢？

图 9-5　父母是孩子最坚实的港湾

其实这并不难理解。在我们成长的过程中，父母为了帮助我们学会独立，常常都会鼓励我们学会"自己的事情自己做，自己的问题自己解决"。久而久之，我们在努力独立的同时，也会下意识地拒绝父母的帮助。

学会独立固然重要，但在必要的时候，学会向父母求助，其实是能有效地帮助我们缩短追求目标的时间长度的。

那么，我们应该在什么时候向父母求助，又该怎样向父母求助呢？

1. 当我们缺钱时，可以向父母求助

作为孩子的我们，还没有赚钱的能力。所以，当我们需要花钱的时候，向父母求助是天经地义的。然而，为什么很多小伙伴纠结了很长时间，左犹豫右犹豫的，就是不敢向父母要钱呢？是因为我们觉得我们要买的东西，父母很可能会反对。所以我们宁可向亲戚借钱，也不敢向父母要钱。

其实，孩子，只要你花的钱是对你自己有益处的，你父母肯定是会支持帮助你的。如果你花的钱，是对你没有什么益处甚至对你有害，你父母当然不会给你钱。只要是对你学习、成长有益处的，就勇敢地向父母要钱吧，相信他们一定愿意帮助你。

2. 当我们内心痛苦、委屈时，可以向父母倾诉

在成长的路上，每个人都难免会遭遇种种挫折、失败，例如考试考砸了，参加的某项竞赛输了。这时候，我们的内心一定会非常痛苦，尤其还是孩子的我们。我们也可能会遇到被别人误解的时候，我们可能会遭遇到不公正的对待，这时候，我们一定会感觉非常委屈。当我们的内心感到痛苦或委屈时，不要花太长时间去消沉，而应该找父母，好好向他们倾诉一番，然后让他们好好开解你。有了父母的安慰、引导，你很快就能不再痛苦、委屈。

3. 当我们迷茫时，可以让父母指点迷津

在这个竞争激烈的社会里，很多大人都常常感到迷茫，更不要说是我们这些未成年的人了。任何人都曾经或长或短或多或少地经历过迷茫，这是一件很平常的事。事实上，你的父母也经历过迷茫，在这件事上一定经验比你丰富，也积累了一些解决的方法。当你感觉到迷茫时，不妨向他们说说，相信他们一定能够给你提供一些有效的解决办法，为你指点迷津，帮助你迅速从迷茫中走出来。

五、经常向老师请教，学习效率会非常高

"师者，传道授业解惑也。"教导学生，帮助学生答疑解惑，本身就是老师的职责；而作为学生，心存疑惑时向老师请教，也是天经地义的事情。要知道，没有任何一位老师会因为学生向自己请教问题而生气。事实上，大多数老师都是非常欢迎学生主动来找自己问问题的，因为只有通过这种方式，老师才能更好地掌握学生的学习进度，了解学生在学习方面的困难和短板，从而进行针对性的教育。

小海和小福是同班同学，家离得也很近，几乎天天都是一起上下学的，所以两人关系也非常好。因为住得比较近，小海和小福常常会约在一起学习、做功课，有时候是在小海家，有时候是在小福家。

有一天晚上，这对小伙伴像往常一样，相约在小海家做作业。当他们把学校布置的作业完成后，小海突然拿出一道数学题，让小福和自己一起解。可没想到，这道数学题实在太难了，他们解了很久都没能解出正确答案。

怎么办呢？小福看了看时间，已经不早了，于是就提出，自己先回家休息，等明天再一起解题。而如果小海在明天上学之前先解答出来的话，就告诉他整个解答过程。小海答应了。之后，小海就一直忍不住琢磨，这道题目到底应该怎么解决，可惜一直没有找到正确答案。

　　第二天到了学校后，小海跟小福说，自己还没有解答出来。小福于是又拿出那道题，琢磨了好一会儿，也还是没有想出解答的方法。于是，小福决定向数学老师求助。可当他把自己的想法跟小海说了之后，小海却不同意。

　　小海说，一定要自己解答出来，这样对自己克服困难的能力的提升，也有很大的帮助。于是，小福只好自己去找数学老师，向他寻求帮助。

　　放学后，小福去了数学老师办公室。听完数学老师的讲解、分析和点拨后，小福马上就明白应该怎么解答这道题了。于是，他顺着数学老师的思路，自己重新解答了一遍这道题，把这道题涉及的知识点，都重新又记忆了一遍。

　　因为向老师询问题目的关系，这一次小福没有和小海一块回家，两人也没有约着一起写作业。

　　小福回到家后，先把当天的作业做完，之后再去小海家。结果到了小海家以后，他发现小海依然还在做着那道题。小福忍不住对小海说："要不然我给你讲解一遍吧？"可小海依然拒绝了，坚持要自己再想一想。小福没办法，只得自己先开始复习和预习。

　　等小福把一天的学习任务都完成之后，居然发现小海还在那里和那道题死磕，他实在忍不住了，无奈地劝小海说："你就听我讲一讲吧。你这样死磕这道题，实在是太浪费自己的时间了，没这个必要啊！"

小海大概也终于意识到这一点，同意了小福的提议。在听完小福的讲解之后，小海激动地拍案而起，大声感叹道："原来是这样解答的啊！我怎么就想不到呢？"

直到这个时候，小海才反应过来，为了解出这道题，他前前后后花了六七个小时！但其实，找老师帮忙的话，只需要20分钟就能完全弄懂了。

有了这次向老师求助的经历后，小福发现了向老师请教的一个大好处，那就是为自己在学习上节省很多时间。换一个角度看，就相当于学习效率有了很大的提高。从此以后，小福有什么难题，自己经过开动脑筋后实在解决不了后，都会在第一时间主动向老师请教。这样做，让他省下了不少时间。

图9-6　他在这儿，等着你提问……

独立思考是非常好的习惯，对我们在学习方面也有着很好的促进作用。但独立思考不意味着我们就不能向老师求助，要知道，对于学生来说，老师本来就是帮助我们答疑解惑的引路人，既然有这样一位引路人能够提供帮助，我们又为什么要舍近求远，舍易求难，自己给自己设置障碍呢？更何况，即使是向老师求助，所得到的知识同样也是属于我们自己的，并不会因此而打折扣。

　　所以，遇到问题时，不要害怕向老师求助，敢于提问、善于提问，才能帮助我们更好地提升学习效率。

　　在向老师提出问题或寻求帮助时，有几点需要注意。

1. 用正确的方式向老师求助

　　当老师正在和别人说话时，你不要打断老师，而应该在老师不说话的时候，向老师提出请求。但你不能直接大喊"老师，我有个问题"或者直接说出你的问题。你应该很有礼貌地来到老师面前，问老师："老师，您现在方便吗？我有个问题想问您一下。"老师一听你这句话，一定会愿意帮助你解答问题的。

2. 告诉老师你需要什么帮助，但不要直接问答案

　　老师答应愿意帮助你解答问题后，你只需要直接把你遇到的问题告诉老师即可，不需要有什么藏着掖着的。你不要直接问老师要问题的答案，当然，老师也不会只给你答案。老师都会给你列出正确的

解题方法或步骤。"授人以鱼，不如授人以渔。"鱼就是问题的答案，渔就是解决难题的正确方法、过程或步骤。掌握了"渔"，你可以解答很多同类型的题目。

3. 学习以外的问题也可以寻求老师帮助

除了学习上的任何问题都可以向相应科目的老师请教，我们个人在生活中遇到了什么难题，也可以向老师请教，或者寻求帮助。毕竟，老师作为大人，在很多我们孩子眼里认为非常难解的问题，在大人眼里可能就是稀松平常的事。

当我们遇到了难题，深陷其中又不知道该怎么办时，如果不敢告诉家长，告诉老师也可以。他们都会真心实意地帮助你的。这样你就不用在纠结、犹豫甚至煎熬上浪费过多的时间了。